HEIMAT Küche

WEIL WIR HIER ZU HAUSE SIND

EINLEITUNG

Zünftig wie die Bayern, jaaaanz jemütlich wie die Rheinländer, suutje wie die Hanseaten, gesellig wie die Sachsen: Die deutsche Küche ist so bunt und vielfältig wie unser Land! Kommen Sie mit auf eine köstliche kulinarische Reise durch unsere Heimat und lassen Sie sich von der vielseitigen Küche diesseits und jenseits des Weißwurstäquators begeistern.

HEIMATKÜCHE

Weil wir hier zu Hause sind

Faszinierende Berge, idyllische Dörfer, herzliche Menschen und eine ebenso traditions- wie abwechslungsreiche Küche – das ist unsere Heimat! In diesem Buch finden Sie die ganze Vielfalt köstlicher Gerichte aus heimischen Kochtöpfen. Ob Kohlrouladen, Fisch-Soljanka, Hühnersuppe, Kartoffel-Sauerkraut-Puffer, Zwiebelkuchen, Scholle Finkenwerder, gefüllte Kartoffelklöße, Milchreis oder Kaiserschmarrn – unsere Heimatküche hat für jeden Geschmack etwas zu bieten!

EINFACH GUT

Die deutsche Küche ist alles andere als verstaubt, wie wir mit unserer Heimatküche beweisen. Beliebte Rezeptklassiker finden Sie hier genauso wie frische, bodenständige Gerichte – viele auch ohne Fleisch! Hier wird ganz einfach mit dem Besten gekocht, was heimische Felder, Seen, Wiesen und Wälder zu bieten haben.

SEHNSUCHTSGERICHTE

Ganz bestimmt finden Sie hier auch das ein oder andere Lieblingsgericht aus Ihrer Kindheit wieder. Ohne lange nachdenken zu müssen, fällt bestimmt jedem von uns spontan ein Gericht ein, das die eigene Kindheit geprägt hat, verbunden mit schönen Gedanken an unbeschwerte Kindheitstage.

In der heutigen Zeit, in der der Supermarkt um die Ecke mit einem riesigen Angebot an Köstlichkeiten lockt und vieles aus Zeitgründen oftmals eher aus der Tiefkühltruhe kommt, ist selbst zubereitetes Essen etwas ganz Besonderes. Früher gehörte das Kochen und Backen noch ganz selbstverständlich zum täglichen Alltag – kein Wunder, gab es doch weder Tiefkühlkost noch Fertigbackmischungen. Jede Familie hatte ihre eigenen Rezepte, die oft streng gehütet und nur innerhalb der Familie weitergegeben wurden.

In unserer hektischen Zeit fehlen leider oftmals Muße und Zeit zum Kochen und Backen. Die Sehnsucht nach dem unverfälschten, puren Geschmack „von früher“ ist jedoch größer als je zuvor. Gerade in unserer schnelllebigen Zeit, in der viele Produkte austauschbar sind, sehnen sich viele Menschen nach etwas Authentischem, nach einem kleinen Stückchen Individualität und dem Flair traditioneller Handwerkskunst.

Wer erinnert sich nicht gerne an den herrlichen Duft, der aus Omas Küche strömte, und an die mit ganz viel Liebe zubereiteten Köstlichkeiten?

Liebevoll zubereitete Gerichte lassen auch heute noch Kinderaugen strahlen, sorgen für ein wohliges Gefühl von Geborgenheit und Nähe und sind ein Genuss für alle Sinne.

VORFREUDE IST DIE SCHÖNSTE FREUDE

ALLES ZU SEINER ZEIT

Erdbeeren zu Weihnachten? Spargel rund ums Jahr? Muss das wirklich sein? Ist es nicht gerade schön, im Winter voller Vorfreude die Saison herbeizusehnen und Erdbeeren und Spargel dann umso mehr zu genießen? Regional und so automatisch saisonal zu essen bedeutet nicht Verzicht, sondern eine spannende Reise zu den Genüssen und Geschmäckern unserer Großeltern. Kohlrabi, Tomaten, Kopfsalat, Kirschen und Himbeeren kommen nur im Sommer auf den Speiseplan, dafür haben Grünkohl, Feldsalat, Lauch, Steckrüben und lagerfähige Äpfel im Winter Hochsaison. Werfen Sie doch einmal einen Blick in den Saisonkalender am Ende des Buches – dort sehen Sie, wann Gemüse, Obst & Co. in unseren heimischen Gefilden Saison haben.

Saisonales Gemüse aus dem eigenen Garten oder vom Hofladen in der Nähe ist nicht nur viel vitaminreicher, sondern verleiht den Gerichten unserer Kindheit die Aromen, an die wir uns so gerne erinnern.

FRISCHER GEHT'S NICHT

Früher gehörte die Verwendung frischer, saisonaler und regionaler Produkte ganz selbstverständlich zum Alltag. Auf den Tisch kam, was Stall und Garten gerade hergaben. Frische war selbstverständlich, da lange Transportwege wegfielen. Was morgens im Garten geerntet wurde, kam abends auf den Tisch, ohne Zusatz- oder Konservierungsstoffe. Geschmacksverstärker waren noch unbekannt und auch nicht nötig, da die Zutaten aus eigenem Anbau viel mehr Geschmack besaßen. Fertiggerichte gab es nicht, Oma bereitete Knödel, Spätzle und Hefeteig in Handarbeit selbst zu. Brühe wurde nicht aus Brühwürfeln, sondern aus Fleisch, Knochen und Gemüse hergestellt. Man nahm sich Zeit fürs Kochen und Essen.

Der bewusste Umgang mit Zutaten war eine Notwendigkeit, nichts durfte verschwendet werden. Wurde beispielsweise ein Schwein geschlachtet, so aß man nicht etwa nur das Fleisch, sondern verwendete auch alles andere wie Innereien, Fett, Kopf und Füße.

Im Zuge des kulinarischen Trends „From nose to tail" („Von Kopf bis Schwanz") erleben in der letzten Zeit, längst vergessene Fleischteile erfreulicherweise eine Renaissance.

Trotz aller Veränderungen wird in ländlichen Gebieten auch heute noch vieles ähnlich praktiziert wie früher. Leben und Essen ist erdverhaftet und ausgerichtet an der Natur und den Jahreszeiten. Obst und Gemüse kommt vom benachbarten Hof oder wird im eigenen Garten angebaut, Brot wird selbst gebacken, Fleisch stammt vielfach aus eigener Zucht. So besteht eine völlige Transparenz über die Herkunft der Zutaten.

Mit unseren Rezepten kommen Sie diesem Leben wieder einen Schritt näher. Unsere Heimatküche ist ein Kochbuch für alle, die die schönen Erinnerungen an die Küche der Oma wieder wachrufen möchten und die gemeinsam mit ihren Freunden und ihren Kindern geerdet, bodenständig und trotzdem kreativ kochen und essen möchten. Eben ein Buch für alle, die Lust haben, ohne Dogmen und Verbote ihren Speiseplan zu erweitern und Neues auszuprobieren, wann immer es geht. Gutes Essen ist einfach so verdammt lecker!

Wir wünschen Ihnen viel Spaß auf der kulinarischen Entdeckungsreise durch unsere Heimat!

SUPPEN & EINTÖPFE

Ob als köstliche Vorspeise, als wärmender Snack oder als vollwertige Mahlzeit – Suppen und Eintöpfe sind wahre Multitalente und machen einfach glücklich! In diesem Kapitel finden Sie eine Auswahl der schönsten Rezepte aus heimischen Suppentöpfen, von deftigem Hühnereintopf über Fisch-Soljanka bis hin zur heiß geliebten Kartoffelsuppe.

STECKRÜBENEINTOPF

Für kalte Wintertage

FÜR 4 PORTIONEN

600 g Steckrüben
300 g Möhren
100 g Petersilienwurzel
1 Gemüsezwiebel
1 El Öl
2 El Butter
1 El fein geschnittener Majoran
800 ml Gemüsebrühe
600 g kleine festkochende Kartoffeln
Salz
1 Bund glatte Petersilie
Pfeffer

ZUBEREITUNGSZEIT

ca. 45 Minuten

1 Steckrüben, Möhren, Petersilienwurzel und Gemüsezwiebel schälen und putzen. Steckrüben, Möhren und Petersilienwurzel in etwa 1 ½ cm dicke Würfel schneiden. Die Zwiebel halbieren und in feine Streifen schneiden.

2 Das Öl und 1 El Butter in einem großen Topf erhitzen und das Gemüse darin kurz anbraten. Den Majoran zugeben und mit der Gemüsebrühe ablöschen. Bei mittlerer Hitzezufuhr etwa 30 Minuten köcheln lassen, bis das Gemüse gar ist.

3 In der Zwischenzeit die Kartoffeln in reichlich kochendem Salzwasser weich garen. Etwas auskühlen lassen, dann pellen. 1 El Butter in einer Pfanne zerlassen und die Kartoffeln darin schwenken.

4 Die Petersilienblätter von den Stängeln zupfen und in feine Streifen schneiden. Den Eintopf mit Salz und Pfeffer abschmecken. Mit der Petersilie bestreut servieren. Die Pellkartoffeln dazureichen.

LINSENEINTOPF

Köstlich mit Speck und Mettwurst

FÜR 4 PORTIONEN

250 g getrocknete grüne Linsen
1,25 l Gemüsebrühe
1 Zwiebel
2 Nelken
1 Lorbeerblatt
1 Bund Suppengrün
400 g Kartoffeln
250 g Räucherspeck
4 Mettenden
Salz
Pfeffer
Weißweinessig
2 El frisch gehackte Petersilie

ZUBEREITUNGSZEIT

ca. 25 Minuten
(plus Einweichzeit und Garzeit)

1 Die Linsen waschen und in reichlich Wasser über Nacht einweichen. Am nächsten Tag das Einweichwasser abgießen und die Linsen mit der Brühe in einen Topf geben. Die Zwiebel schälen und mit den Nelken spicken. Zusammen mit dem Lorbeerblatt zu den Linsen geben. Aufkochen lassen, dabei den Schaum abschöpfen. Die Linsen bei niedriger Hitze etwa 30 Minuten garen.

2 Das Suppengrün putzen, nach Bedarf schälen und würfeln. Die Kartoffeln schälen und würfeln. Den Speck würfeln und in einer Pfanne ohne Fett knusprig braten. Speckwürfel aus der Pfanne nehmen, das Gemüse und die Kartoffeln in die Pfanne geben und im Speckfett andünsten. Speck, Gemüse und Kartoffeln zu den Linsen geben und alles weitere 30 Minuten garen. Die Mettenden in den letzten 10 Minuten dazugeben und erhitzen. Die Zwiebel herausnehmen. Den Eintopf mit Salz, Pfeffer und Essig abschmecken. Mit Petersilie bestreut servieren.

Wunderbar cremig

KÜRBISSUPPE

FÜR 4 PORTIONEN

500 g Kartoffeln
1 Hokkaido-Kürbis (etwa 1 kg)
2 Zwiebeln
2 El Butter
1 Prise geriebene Muskatnuss
Salz
Pfeffer
1 Lorbeerblatt
1 l Gemüsebrühe
Kürbiskernöl nach Belieben

ZUBEREITUNGSZEIT

ca. 40 Minuten

1 Die Kartoffeln schälen und in ca. 2 cm große Würfel schneiden. Kürbis vierteln, putzen, entkernen und das Fruchtfleisch in ca. 2 cm große Würfel schneiden. Zwiebeln schälen und fein würfeln.

2 Butter in einem Topf zerlassen. Kartoffeln, Kürbis und Zwiebeln darin andünsten. Muskat einrühren und kurz mitdünsten, bis es duftet. Mit Salz und Pfeffer würzen und das Lorbeerblatt zugeben. Brühe angießen und ca. 15 Minuten mit halb geöffnetem Deckel bei mittlerer Hitze kochen lassen. Das Lorbeerblatt aus der Suppe nehmen und die Suppe mit dem Stabmixer fein pürieren. Nach Belieben mit Kürbiskernöl beträufelt servieren.

Je nach Geschmack

Wer es noch säuerlicher mag, gibt noch etwas Gewürzgurkenwasser mit in die Suppe!

Gruß von der Ostsee

FISCH-SOLJANKA

Soljanka ist ein köstlicher Suppen-Klassiker aus der osteuropäischen Küche, der auch zu DDR-Zeiten sehr beliebt war. Als praktisches Resteessen kam hinein, was übrig war: Wurst, Schinken, Fleisch oder Fisch. Was aber nie fehlen durfte: Letscho und Gewürzgurken!

FÜR 4 PORTIONEN

2 Gewürzgurken
500 g gemischte Fischfilets (z. B. Rotbarsch und Seelachs)
200 g Zwiebeln
2 Knoblauchzehen
2 El Öl
1 Tl Tomatenmark
1 ½ l Gemüsebrühe
200 g Letscho
1 Lorbeerblatt
1 Tl Paprikapulver
Salz
Pfeffer
1 Prise Zucker
Zitronensaft nach Belieben
100 g saure Sahne

ZUBEREITUNGSZEIT

ca. 20 Minuten (plus Garzeit)

1 Die Gurken in Würfel schneiden. Den Fisch in mundgerechte Stücke schneiden.

2 Die Zwiebeln schälen, halbieren und in Scheiben schneiden. Knoblauch schälen und fein hacken. Das Öl in einem großen Topf erhitzen. Zwiebeln hineingeben und bei niedriger Hitze ca. 5 Minuten glasig dünsten. Tomatenmark einrühren. Knoblauch zugeben und unter Rühren weitere 3 Minuten dünsten. Alles mit der Brühe ablöschen.

3 Gurken, Letscho und die Gewürze zugeben. Die Suppe ca. 10 Minuten köcheln lassen. Die Fischstücke zugeben und weitere 10 Minuten köcheln lassen, bis der Fisch gar ist. Zum Schluss die Suppe noch einmal mit Salz und Pfeffer und ggf. mit Zitronensaft abschmecken. Mit saurer Sahne servieren.

Wärmt Körper und Seele

SELLERIE-APFEL-CREMESUPPE

FÜR 4 PORTIONEN

600 g Knollensellerie
1 mittelgroße Zwiebel
2 kleine rote Äpfel
2 El Zitronensaft
2 El Öl
1 El fein gehackter Majoran
1,2 l Gemüsebrühe
100 g Schmand
Salz
Pfeffer

ZUBEREITUNGSZEIT

ca. 35 Minuten

1 Den Knollensellerie schälen und grob würfeln. Die Zwiebel schälen, halbieren und in Streifen schneiden. Die Äpfel vierteln und entkernen. Zwei Apfelviertel in feine Stifte schneiden und mit 1 El Zitronensaft beträufeln. Den Rest grob würfeln.

2 Das Öl in einem großen Topf erhitzen und die Zwiebelstreifen darin glasig andünsten. Die Sellerie- und die Apfelwürfel zugeben und ebenfalls andünsten. Den übrigen Zitronensaft und den Majoran zugeben und die Gemüsebrühe angießen. Aufkochen und bei mittlerer Hitzezufuhr etwa 15 Minuten köcheln lassen, bis der Sellerie weich ist.

3 Die Suppe mit dem Stabmixer fein pürieren. Den Schmand unterrühren und die Suppe mit Salz und Pfeffer abschmecken. Mit den Apfelstiften bestreut servieren.

Lecker dazu

2 Scheiben Bauernbrot in Würfel schneiden, in Butter knusprig anrösten und über die Suppe streuen.

KARTOFFELSUPPE

Raffiniert mit Pfifferlingen

FÜR 4 PORTIONEN

1 mittelgroße Zwiebel
1 Knoblauchzehe
100 g Möhren
150 g Knollensellerie
1 kg festkochende Kartoffeln
100 g Lauch
2 El Butter
½ Tl gehackter Thymian
1 Tl gehackter Majoran
1 ½ l Gemüsebrühe
200 g Pfifferlinge
1 El Öl
Zitronensaft
Salz
Pfeffer
1 El gehackte glatte Petersilie
200 g Sahne
2 El Schmand

ZUBEREITUNGSZEIT

ca. 50 Minuten

1 Zwiebel und Knoblauch schälen. Die Zwiebel in Ringe schneiden und den Knoblauch fein hacken. Möhren, Knollensellerie und Kartoffeln schälen. Alles grob in Würfel schneiden. Den Lauch putzen, der Länge nach halbieren, in Streifen schneiden, waschen und in einem Sieb abtropfen lassen.

2 Die Butter in einem großen Topf zerlassen. Thymian, Majoran, Zwiebelringe und Knoblauch zugeben und andünsten. Das Gemüse in den Topf geben und ebenfalls kurz andünsten. Mit der Gemüsebrühe ablöschen, aufkochen und bei mittlerer Hitze etwa 25 Minuten köcheln lassen.

3 In der Zwischenzeit die Pfifferlinge putzen. Das Öl in einer Pfanne erhitzen und die Pfifferlinge darin kräftig anbraten. Mit etwas Zitronensaft, Salz und Pfeffer würzen. Die gehackte Petersilie untermischen.

4 Die Suppe mit dem Stabmixer pürieren, die Sahne zugeben und kurz aufkochen. Mit Salz und Pfeffer abschmecken. Die Suppe mit den Pfifferlingen und jeweils einem Klecks Schmand servieren.

Auch lecker

Statt Pfifferlingen Räucherlachs, Krabben oder Würstchen in die Suppe geben.

FÜR 4–6 PORTIONEN

300 g gelbe oder grüne getrocknete Erbsen
3 Möhren
¼ Knollensellerie
1 Stange Lauch
1 Gemüsezwiebel
1 Knoblauchzehe
1 El Butter
1 l Fleischbrühe
1 Tl getrockneter Thymian
1 Tl getrockneter Majoran
1 Lorbeerblatt
200 g gepökelter Schweinebauch oder Schweinenacken
100 g Fleischwurst
Salz, Pfeffer

ZUBEREITUNGSZEIT

ca. 25 Minuten
(plus Einweichzeit und Garzeit)

Heiß geliebter Dauerbrenner
ERBSENSUPPE

1 Die Erbsen über Nacht in einem großen Gefäß in reichlich Wasser einweichen. Am nächsten Tag Möhren und Knollensellerie putzen, schälen und in 1 cm große Würfel schneiden. Den Lauch putzen und in Ringe schneiden. Zwiebel und Knoblauch schälen und fein hacken.

2 Die Butter in einem großen Topf erhitzen und die Zwiebeln darin anschwitzen. Knoblauch und das Gemüse hinzufügen und 5 Minuten anrösten, dabei ab und zu umrühren. Die Erbsen durch ein Sieb abgießen und dazugeben. Brühe, Kräuter und das Schweinefleisch am Stück hinzufügen und alles 50 Minuten kochen lassen.

3 Das Fleisch aus der Suppe nehmen und in mundgerechte Stücke schneiden. Die Fleischwurst würfeln. Die Suppe nach Belieben mit einem Stabmixer grob oder fein pürieren. Mit Salz und Pfeffer abschmecken. Das Fleisch und die Fleischwurst hineingeben und kurz in der Suppe erhitzen.

FÜR 4 PORTIONEN

1 kg Brunnenkresse
2 Schalotten
300 g festkochende Kartoffeln
2 El Butter
150 ml Weißwein
1,2 l Gemüsebrühe
100 g Sahne, 100 g Schmand
½ El Zitronensaft
1 Tl abgeriebene Schale von 1 unbehandelten Zitrone
Salz, Pfeffer, 4 El Öl

ZUBEREITUNGSZEIT

ca. 50 Minuten

Köstlich und gesund

BRUNNENKRESSESUPPE

1 Die Brunnenkresse von den festen Stielen befreien. Einige Blättchen zum Garnieren zurückbehalten, die restlichen grob hacken. Die Schalotten schälen und in feine Streifen schneiden.

2 Die Kartoffeln schälen und in etwa 1 cm große Würfel schneiden. Die Hälfte der Kartoffeln in kochendem Salzwasser bissfest garen und in ein Sieb abgießen.

3 In der Zwischenzeit die Butter in einem großen Topf erhitzen und die Schalotten sowie die übrigen Kartoffelwürfel darin andünsten. Die gehackte Brunnenkresse zugeben und ebenfalls andünsten, bis sie zusammenfällt. Mit dem Weißwein ablöschen, die Gemüsebrühe angießen und aufkochen. Die Hitzezufuhr reduzieren und 15–20 Minuten sanft köcheln lassen, bis die Kartoffelwürfel weich sind.

4 Die Suppe mit dem Stabmixer fein pürieren. Sahne und Schmand einrühren und die Suppe nochmals 5 Minuten leicht köcheln lassen. Mit Zitronensaft, -schale, Salz und Pfeffer abschmecken.

5 Das Öl in einer Pfanne erhitzen und die gekochten Kartoffelwürfel darin knusprig anrösten. Aus der Pfanne nehmen und auf einem Stück Küchenpapier abtropfen lassen. Mit etwas Salz würzen.

6 Die Suppe mit den Kartoffelwürfeln bestreut servieren. Mit den restlichen Brunnenkresseblättchen garnieren.

Einfach köstlich

HÜHNEREINTOPF MIT NUDELN

Hühnereintopf ist ein echtes Seelenfutter! Er wärmt von innen, weckt Kindheitserinnerungen und ist gut für Körper und Seele. Schon unsere Großmütter löffelten mit dieser köstlichen Suppe so manche Sorge und Erkältung einfach weg.

FÜR 4 PORTIONEN

Für die Brühe

1 küchenfertiges Suppenhuhn (ca. 1,6 kg)
Salz
1 Bund Suppengrün
1 Lorbeerblatt
8 Pfefferkörner
4 Pimentkörner
Pfeffer

Für die Einlage

200 g Suppennudeln
Salz
3 Möhren
½ Bund glatte Petersilie
150 g TK-Erbsen

ZUBEREITUNGSZEIT

ca. 30 Minuten (plus Garzeit)

1 Das Suppenhuhn mit 3 l kaltem Wasser und ein wenig Salz in einen großen Topf geben. Das Wasser zum Kochen bringen, dabei den entstehenden Schaum abschöpfen, damit die Brühe nicht trüb wird.

2 Inzwischen das Suppengrün, putzen, wenn nötig schälen und in grobe Stücke schneiden. Zusammen mit Lorbeerblatt, Pfeffer- und Pimentkörnern in das kochende Wasser geben. Die Brühe 60–90 Minuten bei schwacher Hitze köcheln lassen.

3 Das Huhn aus der Suppe nehmen. Die Brühe durch ein Sieb in einen anderen Topf gießen und mit Salz und Pfeffer abschmecken. Das Hühnerfleisch von den Knochen lösen und in mundgerechte Stücke schneiden.

4 Die Suppennudeln in reichlich Salzwasser nach Packungsanweisung garen, dann abgießen. Möhren putzen, schälen und in Stifte oder Scheiben schneiden. Die Blätter der Petersilie abzupfen und fein hacken.

5 Die Brühe noch einmal aufkochen. Die Möhren darin etwa 5 Minuten bei mittlerer Hitze kochen, dann die Erbsen dazugeben und alles weitere 5 Minuten kochen. Das Hühnerfleisch und die Nudeln zugeben. Mit Salz und Pfeffer abschmecken und mit Petersilie bestreut servieren.

Köstlicher Evergreen

KÄSE-LAUCH-HACK-SUPPE

FÜR 4 PORTIONEN

2 Stangen Lauch
1 El Öl
500 g Rinderhackfleisch
Salz
Pfeffer
1 El edelsüßes Paprikapulver
750 ml Gemüsebrühe
400 g Schmelzkäse „Natur"
200 g Schmelzkäse mit Kräutern

ZUBEREITUNGSZEIT

ca. 30 Minuten

1 Den Lauch putzen, der Länge nach halbieren, waschen und in halbe Ringe schneiden.

2 In einem hohen Topf bei mittlerer Hitze das Öl erhitzen, das Hackfleisch hineingeben und ca. 2 Minuten krümelig braten. Kräftig mit Salz, Pfeffer und Paprikapulver würzen. Anschließend die Lauchringe dazugeben und 5–6 Minuten mitbraten.

3 Die Gemüsebrühe hinzugießen, alles aufkochen und 10 Minuten köcheln lassen. Den gesamten Schmelzkäse unterrühren, schmelzen lassen und die Suppe nochmals aufkochen. Mit Salz und Pfeffer abschmecken.

Herrlich deftig
GRÜNKOHLEINTOPF

FÜR 4 PORTIONEN
500 g Grünkohl
Salz
1 mittelgroße Zwiebel
1 Knoblauchzehe
400 g festkochende Kartoffeln
200 g Möhren
2 El Butter
800 ml Gemüsebrühe
Pfeffer
2 El Schmand

ZUBEREITUNGSZEIT
ca. 1 Stunde

1 Den Grünkohl putzen und in kochendem Salzwasser in etwa 30 Minuten bissfest garen. In ein Sieb abgießen, mit kaltem Wasser abschrecken und gut abtropfen lassen. Den Grünkohl grob hacken.

2 Zwiebel und Knoblauch schälen. Die Zwiebel in feine Würfel schneiden, den Knoblauch fein hacken. Die Kartoffeln schälen, die Möhren putzen und schälen. Beides in Würfel schneiden.

3 Die Butter in einem Topf zerlassen und die Zwiebeln darin goldbraun anbraten. Knoblauch, Kartoffel- und Möhrenwürfel zugeben und ebenfalls kurz anbraten. Den Grünkohl zugeben und mit der Gemüsebrühe ablöschen. Etwa 20 Minuten bei mittlerer Hitze köcheln lassen. Die Suppe mit Salz und Pfeffer abschmecken und mit jeweils einem Klecks Schmand servieren.

KRÄUTERSUPPE
mit Pilzmaultaschen

FÜR 4 PORTIONEN

Für die Maultaschen

1 Schalotte
1 Knoblauchzehe
50 g Steinpilze
50 g Champignons
40 g Walnusskerne
1 El Öl
Salz, Pfeffer
1 El fein gehackte glatte Petersilie
200 g Maultaschenteig aus dem Kühlregal
1 Eigelb

Für die Suppe

1 Bund Grüne-Sauce-Kräuter (Petersilie, Borretsch, Kresse, Sauerampfer, Kerbel, Pimpinelle, Schnittlauch)
1 Schalotte
100 g festkochende Kartoffeln
2 El Butter
800 g Gemüsebrühe
200 g Sahne
1 Tl Zitronensaft
Salz, Pfeffer
2 El Schmand

ZUBEREITUNGSZEIT

ca. 75 Minuten

1 Für die Maultaschenfüllung Schalotte und Knoblauch schälen und sehr fein hacken. Die Pilze putzen und in feine Würfel schneiden. Die Nüsse fein hacken. Das Öl in einer Pfanne erhitzen, Schalotte und Knoblauch darin glasig andünsten. Pilze und Nüsse zugeben und anbraten. Mit Salz und Pfeffer abschmecken, dann aus der Pfanne nehmen, die Petersilie untermengen und abkühlen lassen.

2 Den Maultaschenteig in 8 x 8 cm große Quadrate schneiden. Jeweils 1 El Pilzmasse in die Mitte des Teigs geben und die Ränder mit etwas verquirltem Eigelb bestreichen. Die Teigquadrate zu Dreiecken zusammenklappen und die Teigränder fest zusammendrücken. Die Maultaschen bis zur weiteren Verwendung auf einen mit Backpapier belegten Teller geben, mit Folie abdecken und kühl stellen.

3 Die groben Stiele der Grüne-Sauce-Kräuter entfernen und die Kräuter grob hacken. Schalotte schälen und in feine Ringe schneiden. Kartoffeln schälen und in kleine Würfel schneiden. Die Butter in einem großen Topf zerlassen, Schalotte und Kartoffeln darin andünsten. Die Kräuter zugeben und zusammenfallen lassen. Mit der Gemüsebrühe ablöschen und aufkochen. Etwa 15 Minuten kochen lassen, bis die Kartoffeln weich sind. Mit dem Stabmixer fein pürieren, die Sahne und den Zitronensaft zugeben und nochmals aufkochen. Mit Salz und Pfeffer würzen.

4 Die Maultaschen in kochendem Salzwasser ca. 6 Minuten bissfest garen, vorsichtig herausheben und in einem Sieb abtropfen lassen. Die Suppe nochmals kurz mit dem Stabmixer schaumig aufmixen, dann mit den Maultaschen servieren. Jeweils mit einem Klecks Schmand garnieren.

Für Eilige

Die Suppe schmeckt auch ohne die Maultauschen wunderbar!

FÜR CA. 2,5 L BRÜHE

500 g Rinderknochen
1 Bund Suppengrün
500 g Suppenfleisch vom Rind (z. B. Beinscheibe)
1 Lorbeerblatt
8 Pfefferkörner
2 Nelken
Salz
Pfeffer

ZUBEREITUNGSZEIT

ca. 10 Minuten (plus Garzeit)

Einfach selbstgemacht

RINDFLEISCHBRÜHE

1 Rinderknochen mit 2,5 l Wasser in einen großen Topf geben und zum Kochen bringen. Den dabei entstehenden Schaum abschöpfen.

2 Das Suppengrün putzen, wenn nötig schälen und in grobe Stücke schneiden. Zusammen mit Suppenfleisch, Lorbeerblatt, Pfefferkörnern und Nelken in das kochende Wasser geben. Die Temperatur runterschalten und die Brühe 60–90 Minuten bei schwacher Hitze köcheln lassen. Durch ein feines Sieb abgießen und mit Salz und Pfeffer abschmecken.

Rindfleischbrühe kann man ganz leicht selber machen. Die Vorteile liegen auf der Hand: Man weiß genau, was drin ist und vor allem, was nicht. Portionsweise eingefroren ist man immer gerüstet, wenn man eine köstliche Suppe zubereiten möchte – z. B. eine der Suppen von S. 35!

GRIESSNOCKERLSUPPE

FÜR 4 PORTIONEN

40 g Butter, 75 g Hartweizengrieß, 1 Ei, Salz, Pfeffer, 1 Prise geriebene Muskatnuss, 1,25 l Rindfleischbrühe, gehackte Petersilie zum Garnieren

ZUBEREITUNGSZEIT

ca. 55 Minuten

1 Die Butter in einer Schüssel schaumig rühren und 1 El Grieß unterrühren. Ei und restlichen Grieß unterrühren und die Masse mit Salz, Pfeffer und Muskat abschmecken. Abgedeckt etwa 20 Minuten quellen lassen.

2 Mit angefeuchteten Händen aus der Masse kleine Klößchen formen oder mithilfe von 2 Esslöffeln Nocken abstechen. Die Brühe in einem Topf erhitzen und die Grießnocken darin bei schwacher Hitze ca. 20 Minuten ziehen lassen. Mit Petersilie bestreut servieren.

FLÄDLESUPPE

FÜR 4 PORTIONEN

200 g Mehl, 250 ml Milch, 2 Eier, Salz, Pfeffer, 1 Prise geriebene Muskatnuss, 1 Bund gehackte Petersilie, 1 El Schnittlauchröllchen, ½ El gehackte Kresse, 3 El Butter, 1 l Rindfleischbrühe

ZUBEREITUNGSZEIT

ca. 40 Minuten

1 Aus Mehl, Milch, Eiern und den Gewürzen einen Teig bereiten und mit den Kräutern vermengen. Die Butter in einer Pfanne schmelzen und nacheinander darin aus dem Teig dünne Pfannkuchen backen.

2 Inzwischen die Brühe in einem Topf erhitzen. Die Pfannkuchen zusammenrollen, in dünne Streifen schneiden und in der Brühe erwärmen.

SALATE, SNACKS & BEILAGEN

Ob lauwarmer Kartoffelsalat, Feldsalat mit Kartoffeldressing, Bratkartoffeln oder knusprige Zucchini-Kartoffel-Puffer – in diesem Kapitel finden Sie Salate und Snacks für den kleinen Hunger zwischendurch. Und auch unsere so heiß geliebten Beilagen dürfen natürlich nicht fehlen!

Praktisch
Auch wunderbar
als Resteverwertung
von Kartoffeln!

KARTOFFELSALAT
Ganz klassisch mit Mayo

FÜR 4 PORTIONEN

1 kg festkochende Kartoffeln
Salz
1 hartgekochtes Ei
4 Essiggurken aus dem Glas
½ Bund Petersilie
250 g Mayonnaise
½ Tl edelsüßes Paprikapulver
Pfeffer

ZUBEREITUNGSZEIT

ca. 20 Minuten
(plus Garzeit, Abkühlzeit
und Zeit zum Ziehen)

1 Die Kartoffeln gründlich waschen und mit der Schale in reichlich Salzwasser etwa 20 Minuten gar, aber nicht zu weich kochen. Abgießen und im Topf etwas ausdämpfen lassen. Dann pellen und abkühlen lassen.

2 Das Ei pellen und klein würfeln. Gurken abtropfen lassen (2 El des Gurkenwassers auffangen), dann fein würfeln. Die Petersilie waschen, trocken schütteln, die Blätter abzupfen und klein hacken.

3 Die Kartoffeln in Scheiben schneiden. Zusammen mit Ei, Gurken, Gurkenwasser, Mayonnaise und Paprikapulver in eine große Schüssel geben und alles gut vermischen. Mit Salz und Pfeffer abschmecken. Zum Schluss die Petersilie über den Salat streuen. Den Kartoffelsalat vor dem Servieren mindestens 1 Stunde im Kühlschrank durchziehen lassen.

Kleiner Tipp

Wer nicht auf rote Hände steht, sollte zum Schälen der Roten Bete Handschuhe tragen – sie färbt nämlich sehr stark!

FÜR 4 PORTIONEN

4 mittelgroße Rote Beten
Salz
7 El Olivenöl
2 El Rotweinessig
50 ml abgekühlte Gemüsebrühe
1 Tl frisch geriebener Meerrettich
1 Tl flüssiger Honig
Pfeffer
200 g geräuchertes Saiblingsfilet (alternativ geräuchertes Forellenfilet)
12 große Salatblätter
Schnittlauchröllchen und Dillspitzen zum Garnieren

ZUBEREITUNGSZEIT

ca. 20 Minuten (plus Garzeit und Marinierzeit)

ROTE-BETE-SALAT
mit geräuchertem Saibling

1 Den Backofen auf 180 °C vorheizen. Rote Beten schälen (siehe Tipp) und in Scheiben schneiden, dann in eine ofenfeste Form geben, mit 2 Prisen Salz würzen und mit 2 El Öl beträufeln. Gut mit dem Öl mischen und 50 Minuten im Ofen garen.

2 In der Zwischenzeit das Dressing zubereiten. Dafür 5 El Öl mit Essig, Brühe, Meerrettich und Honig mischen und mit Salz und Pfeffer abschmecken. Die gegarte Rote Bete in der Hälfte des Dressings 30 Minuten marinieren.

3 Den Fisch in 2 cm große Stücke schneiden. Die Salatblätter in mundgerechte Stücke zupfen und auf Tellern drapieren. Rote Bete und Fisch darauf verteilen und alles mit dem restlichen Dressing beträufeln. Nach Belieben mit Schnittlauch und Dill garnieren.

FÜR 4 PORTIONEN
1 kg Spargel
Salz
Zucker
1 Scheibe von 1 unbehandelten Zitrone
300 g bunter Pflücksalat
2 El Weißweinessig
1 El Holunderblütensirup
75 ml Sonnenblumenöl
60 g Sahne
Pfeffer
2 El fein geschnittener Schnittlauch

ZUBEREITUNGSZEIT
ca. 30 Minuten

Endlich wieder Spargelzeit!

FRÜHLINGSSALAT MIT SPARGEL

1 Den Spargel schälen und die holzigen Enden entfernen. In einem großen Topf reichlich Salzwasser mit 1 Tl Zucker und der Zitronenscheibe zum Kochen bringen. Die Hitze reduzieren und den Spargel in ca. 15 Minuten bissfest garen. Anschließend in einem Sieb abtropfen lassen.

2 Den Salat verlesen. Essig, Holunderblütensirup, Öl und Sahne zu einem Dressing verrühren und mit Salz, Pfeffer und Zucker abschmecken. Den Salat auf Tellern verteilen. Den Spargel darauf anrichten. Das Dressing darüberträufeln und den Salat mit Schnittlauch bestreut servieren.

Gut zu merken
„Bis Johanni nicht vergessen: sieben Wochen Spargel essen."

Spargel lässt sich sehr vielseitig zubereiten: Klassisch gekocht, mit Kartoffeln, Schinken und Hollandaise, gebraten oder – wie hier – als frischer Salat. Am 24. Juni, dem Johannitag, ist aber schon wieder Schluss mit dem edlen Gemüse. Also: Zugreifen, solange es ihn gibt!

BETE

Frischer Fitmacher

SPITZKOHLSALAT

FÜR 4 PORTIONEN

600 g Spitzkohl
1 Bund Radieschen
1 Bund Brunnenkresse
2 El Apfelessig
4 El Apfelsaft
3 El Öl
Salz
Pfeffer
Zucker
2 El Sonnenblumenkerne
2 El fein gehackter Schnittlauch

ZUBEREITUNGSZEIT

ca. 20 Minuten

1 Die äußeren Blätter des Spitzkohls entfernen. Den Spitzkohlkopf der Länge nach halbieren und den harten Strunk herausschneiden. Die Hälften in feine Streifen schneiden und in eine Schüssel geben. Die Radieschen putzen und in feine Scheiben schneiden. Die Brunnenkresse verlesen und die harten Stiele entfernen. Radieschen und Brunnenkresse zum Spitzkohl geben.

2 Apfelessig, Apfelsaft und Öl zu einem Dressing verrühren und mit Salz, Pfeffer und Zucker abschmecken. Den Spitzkohlsalat mit dem Dressing vermischen. Die Sonnenblumenkerne in einer Pfanne ohne Fett goldbraun anrösten, kurz abkühlen lassen, dann mit dem Schnittlauch unter den Salat mischen.

Gut zu wissen

Spitzkohl muss nicht gegart werden – auch roh als Salat schmeckt er ganz köstlich!

LAUWARMER KARTOFFELSALAT
mit karamellisierten Zwiebeln

FÜR 4 PORTIONEN

1 kg kleine festkochende Kartoffeln
Salz
1 große Gemüsezwiebel
4 El Öl
2 Tl Zucker
150 ml Gemüsebrühe
6 El Weißweinessig
1 El mittelscharfer Senf
Pfeffer
2 El fein gehackter Schnittlauch

ZUBEREITUNGSZEIT

ca. 20 Minuten
(plus Garzeit)

1 Die Kartoffeln in kochendem Salzwasser 15–20 Minuten bissfest garen, abgießen und etwas auskühlen lassen. Dann pellen, in Scheiben schneiden und in eine Schüssel geben. Die Zwiebel schälen, halbieren und in feine Streifen schneiden. 2 El Öl in einer Pfanne erhitzen und die Zwiebelstreifen darin bei mittlerer Hitze langsam goldbraun braten. Mit 1 Tl Zucker bestreuen und unter ständigem Rühren karamellisieren lassen. Die Zwiebeln zu den Kartoffeln geben.

2 Die Gemüsebrühe aufkochen, dann den Essig, den restlichen Zucker, das restliche Öl sowie den Senf zugeben und alles kräftig miteinander verrühren. Die Brühe über die Kartoffeln gießen und alles gut durchmischen. Mit Salz und Pfeffer abschmecken und lauwarm abkühlen lassen. Mit dem Schnittlauch bestreut servieren.

FELDSALAT
mit Kartoffeldressing

FÜR 4 PORTIONEN

2 kleine festkochende Kartoffeln
Salz
4 El Weißweinessig
4 El klare Gemüsebrühe
3 El Öl
1 El mittelscharfer Senf
Pfeffer
500 g Feldsa at

ZUBEREITUNGSZEIT

ca. 35 Minuten

1 Die Kartoffeln in kochendem Salzwasser etwa 20 Minuten weich garen, etwas auskühlen lassen und pellen. Dann durch eine Kartoffelpresse in eine große Schüssel drücken oder durch ein feines Sieb streichen.

2 Weißweinessig, Brühe, Öl und Senf dazugeben und alles zu einem Dressing verrühren. Mit Salz und Pfeffer abschmecken.

3 Den Feldsalat verlesen und mit dem Kartoffeldressing beträufelt servieren.

Schmeckt nach Mee(h)r

KRABBENSALAT

FÜR 4 PORTIONEN

100 g kleine Gewürzgurken
2 Stängel Dill
1 Frühlingszwiebel
70 g Mayonnaise (siehe unten)
70 g saure Sahne
1 Spritzer Zitronensaft
300 g geschälte Nordseekrabben
Salz
Pfeffer

ZUBEREITUNGSZEIT

ca. 15 Minuten

1 Die Gurken in dünne Scheiben schneiden. Die Dillspitzen von den Stängeln zupfen und fein hacken. Die Frühlingszwiebel putzen und das obere Drittel wegschneiden, den Rest in hauchdünne Ringe schneiden.

2 Mayonnaise, saure Sahne und Zitronensaft gut miteinander verrühren. Krabben, Gurken, Dill und Frühlingszwiebeln dazugeben und alles gut vermischen. Mit Salz und Pfeffer abschmecken.

Mayonnaise kann man auch ganz leicht selber machen: 1 Eigelb, Salz, Pfeffer, Zucker, 1 El Zitronensaft und 1 El Senf in einer Rührschüssel glatt rühren. Unter ständigem Rühren 125 ml Öl tropfenweise zugießen. Wenn die Mayonnaise gebunden ist, das restliche Öl langsam unter ständigem Rühren zugießen.

Perfekt

Am besten schmecken die Nordseekrabben natürlich frisch vom Fischkutter!

FÜR 4 PORTIONEN

750 g Fleischwurst
2 Zwiebeln
1 Gewürzgurke
1 Apfel
3 El Essig
4 El Sonnenblumenöl
Salz
Pfeffer
½ Bund gehackte Petersilie

ZUBEREITUNGSZEIT

ca. 15 Minuten
(plus Zeit zum Ziehen)

WURSTSALAT

Schön deftig mit Fleischwurst

1 Die Fleischwurst zuerst in Scheiben, dann in Streifen schneiden. Die Zwiebeln schälen und in feine Ringe schneiden. Die Gurke in feine Stifte schneiden. Den Apfel schälen, vierteln, entkernen und das Fruchtfleisch in feine Würfel schneiden. Alle Zutaten in eine große Schüssel geben und vermischen.

2 Für das Dressing Essig und Öl gut miteinander verrühren. Mit Salz und Pfeffer abschmecken. Das Dressing zu den Salatzutaten geben und alles gut vermischen. Vor dem Servieren mindestens 20 Minuten durchziehen lassen. Den Wurstsalat mit Petersilie bestreut servieren.

Jetzt wird´s zünftig! Egal, ob mit Fleischwurst oder mit Weißwurst – diese beiden Wurstsalate lassen keine Wünsche offen. Noch ein Weißbier dazu und man fühlt sich wie Gott in Bayern!

FÜR 4 PORTIONEN

2 Weißwürste
2 El Perlzwiebeln (aus dem Glas)
1 Schalotte
1 Bund Schnittlauch
1 Gewürzgurke
1 hart gekochtes Ei
2 El Weißweinessig
2 El Öl
1 Tl mittelscharfer oder süßer Senf
Salatblätter und Radieschenscheiben zum Garnieren

ZUBEREITUNGSZEIT

ca. 25 Minuten
(plus Zeit zum Ziehen)

WEISSWURSTSALAT

Schmeckt nicht nur in Bayern

1 Die Weißwürste in heißem Wasser erhitzen, dann die Haut abziehen und die Würste in Scheiben schneiden. Die Perlzwiebeln abtropfen lassen, dabei etwas von dem Sud auffangen und für das Dressing beiseitestellen. Die Schalotte schälen und fein würfeln. Den Schnittlauch in Röllchen schneiden. Die Gewürzgurke in Scheiben schneiden. Das Ei pellen und hacken. Alle Zutaten in einer großen Schüssel miteinander vermischen.

2 Essig, Öl, Senf und etwas Zwiebelsud zu einem Dressing verrühren. Das Dressing zu den Salatzutaten geben und alles gut vermischen. Den Salat vor dem Servieren mindestens 30 Minuten durchziehen lassen. Nach Belieben auf Salatblättern anrichten und mit Radieschen garniert servieren.

Rösti mal anders

KARTOFFEL-SAUERKRAUT-RÖSTI

FÜR 4 PORTIONEN

Für den Dip

150 g Magerquark
100 g Schmand
Salz
Pfeffer
1 Tl Zitronensaft
2 El fein gehackter Schnittlauch

Für die Rösti

250 g eingelegtes Sauerkraut
350 g mehligkochende Kartoffeln
100 g geriebener Bergkäse
1 El fein gehackte glatte Petersilie
150 ml Milch
80 g Weizenmehl
1 Ei
Salz
Pfeffer
2 El Öl

ZUBEREITUNGSZEIT

ca. 50 Minuten

1 Für den Dip den Quark mit dem Schmand verrühren und mit Salz und Pfeffer sowie dem Zitronensaft abschmecken. Schnittlauch zugeben und unterrühren.

2 Für die Rösti das Sauerkraut in ein Sieb geben, mit kaltem Wasser kurz abspülen und gut abtropfen lassen. Dann mit den Händen kräftig ausdrücken. Das ausgedrückte Kraut grob hacken und in eine Schüssel geben. Die Kartoffeln schälen und fein reiben. Die Flüssigkeit gut ausdrücken und die Kartoffeln unter das Sauerkraut mischen. Käse und Petersilie ebenfalls untermischen. Die Milch mit dem Mehl verrühren und das Ei untermengen. Zu der Sauerkraut-Kartoffel-Masse geben und alles gut vermengen. Mit Salz und Pfeffer abschmecken.

3 Aus der Masse kleine Rösti formen. Das Öl in einer großen Pfanne erhitzen und die Krautrösti darin von jeder Seite etwa 2 Minuten knusprig anbraten. Die Rösti mit dem Dip servieren. Dazu schmeckt Feldsalat.

SPARGEL
mit warmer Kräuter-Vinaigrette

FÜR 4 PORTIONEN

2 Eier
1 ½ kg Spargel
Salz
Zucker
1 mittelgroße rote Zwiebel
4 El Öl
2 El Zitronensaft
2 El fein gehackte glatte Petersilie
2 El fein geschnittener Schnittlauch
2 El fein gehackter Kerbel
Pfeffer

ZUBEREITUNGSZEIT

ca. 40 Minuten

1 Die Eier in kochendes Wasser geben und etwa 8 Minuten kochen. Mit kaltem Wasser abschrecken, abkühlen lassen und pellen.

2 Den Spargel schälen und die holzigen Enden abschneiden. In kochendem Salzwasser mit 1 Prise Zucker 10–15 Minuten (je nach Dicke) bissfest garen. Vom Kochfond 5 El abschöpfen und für die Vinaigrette beiseitestellen. Den Spargel in ein Sieb abgießen und abtropfen lassen.

3 Für die Vinaigrette die Zwiebel schälen und in feine Würfel schneiden. 1 El Öl in einer Pfanne erhitzen und die Zwiebelwürfel darin andünsten. Spargelfond, Zitronensaft, restliches Öl und die Kräuter miteinander verrühren. Mit Salz, Pfeffer und Zucker abschmecken und die Zwiebelwürfel zugeben. Den Spargel mit der Vinaigrette beträufelt servieren. Die Eier fein hacken und darüberstreuen.

BRATKARTOFFELN

Deftig mit Speck

Mmmmmh, wie das duftet! Spätestens wenn sie beim Braten ihren unvergleichlichen Duft verströmen, kann ihnen fast keiner mehr widerstehen. Kein Wunder: Bratkartoffeln können einfach alles: einen anstrengenden Tag versüßen, Kummer und Sorgen vertreiben oder einfach nur so richtig zufrieden, satt und glücklich machen.

FÜR 4 PORTIONEN

1 kg festkochende Kartoffeln
Salz
1 Zwiebel
1 Tl Öl
100 g gewürfelter durchwachsener Speck
1 El Butterschmalz
Pfeffer

ZUBEREITUNGSZEIT

ca. 20 Minuten (plus Garzeit und Zeit zum Abkühlen)

1 Kartoffeln waschen und mit der Schale in reichlich Salzwasser etwa 20 Minuten gar, aber nicht zu weich kochen. Abgießen und im Topf etwas ausdämpfen lassen. Dann pellen und abkühlen lassen. Anschließend in Scheiben oder Stücke schneiden.

2 Die Zwiebel schälen und in halbe Ringe schneiden. Das Öl in einer großen Pfanne erhitzen und den Speck darin knusprig braten. Die Zwiebel zugeben und mitbraten, bis sie goldbraun ist. Zwiebeln und Speck aus der Pfanne nehmen.

3 Das Butterschmalz zu dem Speckfett in die Pfanne geben und erhitzen. Die Kartoffeln hineingeben. Auf der Unterseite bräunen, dann durch Schwenken der Pfanne oder mit einem Pfannenwender wenden und rundherum goldbraun und knusprig braten. Zum Schluss Speck und Zwiebeln untermischen und noch einmal kurz erhitzen. Mit Salz und Pfeffer abschmecken.

ZUCCHINI-KARTOFFEL-PUFFER

Mit Schnittlauchquark zum Dippen

FÜR 4 PORTIONEN

Für den Schnittlauchquark
1 Bund Schnittlauch
1 Schalotte
1 El Öl
400 g Quark
ein paar Spritzer Zitronensaft
Salz
Pfeffer

Für die Puffer
400 g festkochende Kartoffeln
250 g feste Zucchini
5 El Weizenmehl
3 Eier
Salz
Pfeffer
2 El Öl

ZUBEREITUNGSZEIT
ca. 40 Minuten

1 Für den Schnittlauchquark den Schnittlauch in feine Röllchen schneiden. Die Schalotte schälen, halbieren und fein hacken. Das Öl in einer Pfanne erhitzen und die Schalottenwürfel darin glasig andünsten. Den Quark in eine Schüssel geben und mit den gedünsteten Schalottenwürfeln und dem Schnittlauch verrühren. Mit Zitronensaft, Salz und Pfeffer abschmecken.

2 Für die Puffer die Kartoffeln schälen und mit der Kartoffelreibe fein raspeln. Auf ein Küchentuch geben und die Flüssigkeit gut ausdrücken. Die Kartoffelraspel in eine Schüssel geben. Zucchini putzen, ebenfalls fein raspeln und ausdrücken, zu den Kartoffeln geben und alles gut miteinander vermischen. Das Mehl darübersieben und gleichmäßig untermischen. Die Eier in einer Schüssel verquirlen und zu der Zucchini-Kartoffel-Masse geben. Alles gut miteinander vermischen und mit Salz und Pfeffer abschmecken.

3 Das Öl in einer großen Pfanne erhitzen. Aus dem Teig zwölf kleine Puffer formen und im heißen Öl von jeder Seite 3 Minuten goldbraun braten. Die Puffer auf etwas Küchenpapier abtropfen lassen. Mit dem Schnittlauchquark servieren.

Was wäre der schönste Braten, das saftigste Stück Fisch oder das leckerste Kartoffelgericht ohne eine gemüsige Beilage? Hier gibt es eine kleine Auswahl der beliebtesten Beilagen – typisch deutsch!

Traumpaar

Der köstliche Kohl passt perfekt zu Rouladen und Braten jeder Art!

FÜR 4 PORTIONEN

1 kg Rotkohl
Salz
2 Zwiebeln
2 Äpfel
3 El Butterschmalz
3 El Rotweinessig
300 ml trockener Rotwein
100 ml Gemüsebrühe
4 Gewürznelken
½ Tl Piment
2 Lorbeerblätter
1 El Zucker
1 Prise Pfeffer

ZUBEREITUNGSZEIT

ca. 30 Minuten
(plus Garzeit)

ROTKOHL

1 Den Rotkohl putzen, vierteln und den harten Strunk herausschneiden. Den Kohl in nicht zu dicke Streifen schneiden oder hobeln, in eine Schüssel geben und salzen. Mit den Händen gut durchmengen. Die Zwiebeln schälen und fein würfeln. Die Äpfel schälen, die Kerngehäuse entfernen und die Äpfel ebenfalls in Würfel schneiden.

2 Das Butterschmalz in einem großen Topf erhitzen und die Zwiebel- und Apfelwürfel darin andünsten. Mit dem Essig ablöschen, dann den Rotkohl dazugeben. Alles bei mittlerer Hitze ca. 7 Minuten schmoren. Wein, Brühe und die Gewürze unterrühren und den Rotkohl bei schwacher Hitze ca. 45 Minuten schmoren.

SAUERKRAUT

FÜR 4 PORTIONEN

1 Zwiebel, 1 El Öl, 750 g Sauerkraut, 100 ml trockener Weißwein, 400 ml Gemüsebrühe, 3 schwarze Pfefferkörner, 2 Wacholderbeeren, 1 Lorbeerblatt, 1 kleiner Apfel, Salz, Zucker

ZUBEREITUNGSZEIT

ca. 15 Minuten (plus Garzeit)

1 Die Zwiebel schälen und fein hacken. Das Öl in einem Topf erhitzen und die Zwiebel darin glasig schmoren. Das Sauerkraut dazugeben und kurz mitschmoren. Wein, Brühe und die Gewürze dazugeben und das Kraut bei schwacher Hitze ca. 45 Minuten schmoren.

2 Inzwischen den Apfel halbieren, entkernen und das Fruchtfleisch fein reiben. Nach 30 Minuten Schmorzeit unter das Kraut mischen. Mit Salz und Zucker abschmecken.

SPECKBOHNEN

FÜR 4 PORTIONEN

500 g grüne Bohnen, Salz, 1 Zwiebel, 50 g Butter, Pfeffer, Bohnenkraut, 100 g geräucherter Speck

ZUBEREITUNGSZEIT

ca. 20 Minuten

1 Die Bohnen putzen und in kochendem Salzwasser etwa 10 Minuten garen. Abgießen und abtropfen lassen. Die Zwiebel schälen und fein hacken. Die Butter in einem Topf zerlassen und die Bohnen mit den Zwiebeln darin etwa 5 Minuten schmoren. Mit Salz, Pfeffer und Bohnenkraut würzen.

2 Den Speck in kleine Streifen oder Würfel schneiden und in einer Pfanne ohne Fettzugabe knusprig braten, dann unter die Bohnen mischen.

FLEISCH & FISCH

Gerichte mit Fleisch und Fisch spielen in der deutschen Küche traditionell eine große Rolle. Kein Wunder, wer kann schon einem saftigen Braten, verführerischem Hühnerfrikassee oder einer knusprig gebackenen Scholle mit Speck widerstehen?

Heiß geliebter Klassiker

HACKBRATEN

FÜR 4 PORTIONEN

Für den Hackbraten

2 altbackene Brötchen
125 ml Milch
3 Zwiebeln
1 Knoblauchzehe
600 g Rinderhackfleisch
2 Eier
1 El Ketchup
1 El Senf
¼ Tl Salz
1 Prise Pfeffer
1–3 El Semmelbrösel (nach Bedarf)
2 El Butterschmalz
Preiselbeeren nach Belieben

Für die Sauce

1 Tl Butterschmalz
1 El Tomatenmark
400 ml Rinderbrühe
200 g Sahne
1–2 Tl Speisestärke
Salz
Pfeffer

ZUBEREITUNGSZEIT

ca. 25 Minuten (plus Garzeit)

1 Den Backofen auf 200 °C vorheizen. Die Brötchen klein schneiden und in der Milch einweichen. 2 Zwiebeln und den Knoblauch schälen und fein würfeln. Das Hackfleisch mit Zwiebelwürfeln, Knoblauch, ausgedrücktem Brötchen, Eiern, Ketchup, Senf und den Gewürzen mischen. Nach Bedarf die Konsistenz des Hacks mit Semmelbröseln etwas festigen. Aus der Hackmasse einen länglichen Laib formen.

2 Die restliche Zwiebel schälen und in dünne Ringe schneiden, mit Butterschmalzflöckchen in eine ofenfeste Form geben und den Hackbraten darauf platzieren. 20 Minuten im Ofen backen, dann die Temperatur auf 175 °C reduzieren und weitere 25 Minuten backen. Den Hackbraten aus der Form nehmen und warmhalten. Den Bratensaft für die Sauce beiseitestellen.

3 Für die Sauce Butterschmalz in einem Topf erhitzen und das Tomatenmark ca. 1 Minute unter Rühren anrösten, ohne dass es sich zu stark verfärbt. Brühe, Bratensaft und Sahne dazugeben, aufkochen, dann 10 Minuten bei schwacher Hitze köcheln lassen. Zum Binden der Sauce die Speisestärke in wenig Wasser glatt rühren, in die kochende Sauce geben und ca. 2 Minuten köcheln lassen. Mit Salz und Pfeffer abschmecken.

4 Den Hackbraten mit der Sauce servieren. Nach Belieben Preiselbeeren dazureichen. Dazu schmecken Kartoffeln.

Mit Schuss

Wer mag, ersetzt 100 ml der Brühe durch Rotwein.

Mit Speck

Wer möchte, umwickelt die Rouladen vor dem Braten noch mit einer dünnen Scheibe Speck.

Aus Omas Schmortopf

KOHLROULADEN

FÜR 4 PORTIONEN

1 Wirsingkohl oder Weißkohl
Salz
1 Zwiebel
1 Knoblauchzehe
500 g Hackfleisch halb und halb
2 Eier
½ Bund gehackte Petersilie
30 g Paniermehl
Pfeffer
3 El Butterschmalz
250 ml Gemüsebrühe
150 g Sahne
ca. 2 El Speisestärke

ZUBEREITUNGSZEIT

ca. 40 Minuten
(plus Garzeit)

1 Den Kohl putzen. Den harten Strunk herausschneiden, dann den ganzen Kohlkopf in kochendem Salzwasser ca. 10 Minuten blanchieren, bis sich die Blätter leicht lösen, aber noch Biss haben. Herausnehmen, abtropfen lassen und 8 möglichst große Blätter abtrennen.

2 Für die Füllung Zwiebel und Knoblauch schälen und fein hacken. Hackfleisch mit Zwiebeln, Knoblauch, Eiern, Petersilie und Paniermehl zu einem Teig verarbeiten. Mit Salz und Pfeffer abschmecken. Die Füllung auf den Kohlblättern verteilen. Die Blattseiten zur Mitte einschlagen, dann die Kohlrouladen fest aufrollen. Mit Küchengarn umwickeln und festbinden.

3 Das Butterschmalz in einem großen Bräter erhitzen und die Kohlrouladen darin von allen Seiten anbraten. Die Brühe angießen und die Rouladen zugedeckt etwa 30 Minuten schmoren.

4 Nach der Garzeit die Sahne angießen und die Flüssigkeit aufkochen lassen. Die Kohlrouladen herausnehmen und warm stellen. Die Schmorflüssigkeit ohne Deckel noch etwas einkochen lassen. Zum Binden die Speisestärke in wenig Wasser glatt rühren, in die kochende Sauce geben und ca. 2 Minuten köcheln lassen. Mit Salz und Pfeffer abschmecken. Die Kohlrouladen wieder in den Topf geben und kurz in der Sauce ziehen lassen.

5 Die Kohlrouladen mit der Sauce servieren. Dazu schmeckt Kartoffelpüree und für eine frische Note: Preiselbeeren oder Johannisbeergelee.

FÜR 4 PORTIONEN

375 ml Rindfleischbrühe
3 kleine Zwiebeln
2 El Öl
1 kg Rindergulasch (siehe Tipp)
Salz
Pfeffer
1 Tl Tomatenmark
½ Tl Kümmel
1 Msp. Paprikapulver
250 g saure Sahne
1 El Mehl

ZUBEREITUNGSZEIT

ca. 20 Minuten
(plus Garzeit)

Ganz klassisch
RINDERGULASCH

1 Die Brühe erhitzen. Zwiebeln schälen und fein würfeln. Das Öl in einem großen Schmortopf erhitzen und das Fleisch darin unter Rühren von allen Seiten kräftig anbraten. Salzen und pfeffern. Die Zwiebeln zugeben und ein paar Minuten mitrösten. Tomatenmark zugeben und ebenfalls ein paar Minuten mitrösten. Kümmel, Paprikapulver und etwas Salz und Pfeffer unterrühren. Mit der heißen Brühe ablöschen. Aufkochen lassen, dann das Gulasch bei schwacher Hitze mit geschlossenem Deckel mindestens 90 Minuten schmoren lassen, bis das Fleisch mürbe und zart ist.

2 Die saure Sahne mit dem Mehl glatt verrühren, dann zum Binden in das Gulasch rühren. Das Gulasch mit Salz und Pfeffer abschmecken. Nach Belieben mit Salzkartoffeln, Nudeln oder Knödeln servieren.

Nicht zu mager

Gulaschfleisch darf nicht mager sein, sonst wird es trocken und hart. Wunderbar zart wird zum Beispiel das schön durchwachsene Zungenstück!

FÜR 4 PORTIONEN
1 altbackenes Brötchen
1 Zwiebel
1 El Öl
500 g gemischtes Hackfleisch
1 Ei
1 Tl Senf
1 Tl Majoran
1 Tl frisch gehackte Petersilie
Salz
Pfeffer

ZUBEREITUNGSZEIT
ca. 15 Minuten
(plus Einweichzeit und Garzeit)

Überall heiß geliebt

FRIKADELLEN

1 Das Brötchen in kaltem Wasser einweichen. Zwiebel schälen und fein würfeln. Öl erhitzen und die Zwiebel darin hell anschwitzen. Abkühlen lassen.

2 Das Hackfleisch mit den Zwiebelwürfeln, dem Ei und dem Senf verkneten. Das Brötchen gut ausdrücken und dazugeben. Die Kräuter hinzufügen. Alles gut vermischen und mit Salz und Pfeffer abschmecken.

3 Aus der Hackfleischmasse Kugeln formen und flach drücken. Das Butterschmalz in einer Pfanne erhitzen. Die Frikadellen darin zunächst beidseitig scharf anbraten, dann in 6–8 Minuten bei reduzierter Hitze fertig braten. Dazu schmeckt Kartoffelsalat.

Beliebt und bekannt im ganzen Land: Rheinländer und Hamburger nennen die köstlichen Hackklopse Frikadellen, in Bayern heißen sie Fleischpflanzerl und der Berliner sagt Buletten. Aber schmecken tun sie überall ganz wunderbar!

Gruß aus der Hauptstadt

KALBSLEBER BERLINER ART

Ein echter Berliner Küchenklassiker: wunderbar zarte Kalbsleber mit Röstzwiebeln und Apfelscheiben. Noch ein fluffiges Kartoffelpüree dazu und die Welt ist in Ordnung – selbst, wenn man nicht gerade Berliner Luft schnuppert!

FÜR 4 PORTIONEN

3 säuerliche kleine Äpfel
2 El Butter
2 große Zwiebeln
2 El Mehl
4 Scheiben küchenfertige Kalbsleber (à ca. 150 g)
2 El Öl
Salz
Pfeffer

ZUBEREITUNGSZEIT

ca. 30 Minuten

1 Die Äpfel waschen, nach Belieben schälen, die Kerngehäuse herausstechen und die Äpfel in Ringe schneiden. 1 El Butter in einer Pfanne schmelzen lassen und die Apfelscheiben darin goldgelb braten, dann herausnehmen und warm stellen.

2 Die Zwiebeln schälen und in Ringe schneiden. Die restliche Butter in einer Pfanne erhitzen und die Zwiebeln darin goldgelb braten.

3 Das Mehl auf einen flachen Teller geben. Die Leber trocken tupfen und in dem Mehl wenden, überschüssiges Mehl abklopfen. Das Öl in einer Pfanne erhitzen und die Leber darin von beiden Seiten bei mittlerer bis starker Hitze ca. 2 Minuten braten. Kurz vor Ende der Bratzeit die Zwiebeln hinzugeben und erwärmen. Die Leber salzen und pfeffern.

4 Die Leber mit den Äpfeln und den Zwiebeln servieren. Nach Belieben etwas Bratfett darübergießen. Dazu passt Kartoffelpüree.

Kleiner Tipp

Die Leber unbedingt erst nach dem Braten salzen – sonst wird sie zäh und fest.

Heimwehküche

RINDERROULADEN

FÜR 4 PORTIONEN

2 Möhren
½ Knollensellerie
2 Gewürzgurken
4 Rinderrouladen (à ca. 160 g)
Salz
Pfeffer
4 Tl scharfer Senf
4 dünne Scheiben Bauchspeck
3 El Butterschmalz
1 El Tomatenmark
200 ml trockener Rotwein (alternativ Rinderbrühe)
500 ml Rinderbrühe
1 kleine festkochende Kartoffel
1 Lorbeerblatt
1 Bund Petersilie
1 Bund Thymian
70 g kalte Butter in Stückchen

ZUBEREITUNGSZEIT

ca. 50 Minuten (plus Garzeit)

1 Den Backofen auf 160 °C vorheizen. Möhren und Sellerie putzen und schälen. 1 Möhre und die Hälfte des Selleries raspeln, den Rest grob würfeln. Die Gemüseraspel in einer Schüssel mischen. Die Gewürzgurken in feine Streifen schneiden.

2 Das Fleisch mit Küchenkrepp trocken tupfen, salzen und pfeffern. Jede Scheibe mit 1 Tl Senf bestreichen und mit 1 Scheibe Speck belegen. Gurkenstreifen und je 1 guten El der Gemüsemischung auf der einen Hälfte der Rouladen verteilen, dabei ein Stückchen zum Rand frei lassen. Die Rouladen von der kurzen Seite her fest aufrollen und entweder mit Spießchen fixieren oder fest mit Küchengarn umwickeln.

3 Das Butterschmalz in einem Bräter erhitzen. Die Rouladen darin von allen Seiten braun anbraten. Dann zur Seite schieben, das Tomatenmark in den Bratensaft rühren und kurz mitbraten. Mit Wein und Brühe ablöschen. Kartoffel waschen, schälen und in die Flüssigkeit raspeln. Möhrenwürfel, Selleriewürfel und Lorbeerblatt dazugeben. Petersilie und Thymian waschen und in den Topf legen. Die Rouladen mit geschlossenem Deckel ca. 2 Stunden bei schwacher Hitze schmoren lassen.

4 Die Rouladen aus dem Bräter nehmen und warmhalten. Für die Sauce den Inhalt des Bräters durch ein Sieb in einen Topf passieren. Eine Kelle des entstandenen Muses mit etwas von dem Sud pürieren, dann zurück in den restlichen Sud rühren – so wird die Sauce schön sämig. Die Butter darunterrühren und die Sauce mit Salz und Pfeffer abschmecken. Die Rouladen mit der Sauce servieren. Dazu schmecken Salzkartoffeln oder Knödel sowie Rotkohl.

Versüßt den Herbst

FRÄNKISCHER ZWIEBELKUCHEN

Ein verführerisches Stück Zwiebelkuchen auf dem Teller und dazu ein Glas Federweißer – so sieht ein perfektes Herbstessen in Franken aus. In Nord-, Ost- oder West-Deutschland schmeckt´s garantiert genauso gut!

FÜR 1 BLECH

Für den Teig

250 ml Milch
500 g Mehl
20 g Hefe
1 Prise Zucker
50 g Butter
1 Ei
½ Tl Salz
Mehl für die Arbeitsfläche
Fett für das Blech

Für den Belag

150 g durchwachsener Speck
500 g Zwiebeln
500 g rote Zwiebeln
3 El Butterschmalz
3 Eier
250 g Sahne
1 El Kümmel
Salz
Pfeffer

ZUBEREITUNGSZEIT

ca. 35 Minuten (plus Zeit zum Gehen und Backzeit)

1 Die Milch lauwarm erwärmen. Mehl in eine große Rührschüssel sieben, in die Mitte eine Mulde drücken und die Hefe hineinbröckeln. 1 Prise Zucker darüberstreuen. Die Hefe mit etwas lauwarmer Milch und etwas Mehl vom Rand zu einem dicken Brei verrühren. Etwas Mehl darüberstäuben. Den Vorteig etwa 10 Minuten zugedeckt an einem warmen Ort gehen lassen, bis sich Risse bilden.

2 Die Butter zerlassen, in die Milch rühren und die Flüssigkeit lauwarm abkühlen lassen. Dann nach und nach mit den Knethaken des Handrührgerätes unter den Teig rühren. Ei und Salz dazugeben und unterrühren. Den Teig aus der Schüssel nehmen und auf einer bemehlten Arbeitsfläche mit den Händen weiterkneten, bis er nicht mehr klebt. Ggf. noch etwas Mehl unterkneten. Den Teig in die Schüssel geben und mit einem Küchentuch bedeckt an einem warmen Ort 45–60 Minuten gehen lassen, bis er sich verdoppelt hat.

3 Inzwischen für den Belag den Speck würfeln. Die Zwiebeln schälen und in Ringe schneiden. Butterschmalz in einer Pfanne erhitzen und den Speck darin anbraten. Die Zwiebelringe dazugeben und weich dünsten. Abkühlen lassen, dann mit den Eiern, der Sahne und dem Kümmel verrühren und mit Salz und Pfeffer abschmecken.

4 Den Backofen auf 200 °C vorheizen. Den Teig noch einmal gut mit den Händen durchkneten. Ein Backblech einfetten und den Teig darauf ausrollen, dabei am Rand etwas hochziehen. Die Zwiebelmasse auf dem Hefeteig verteilen. Den Zwiebelkuchen ca. 25 Minuten goldbraun backen.

Sooooooooo lecker

HÜHNERFRIKASSEE

FÜR 4 PORTIONEN

1 küchenfertiges Suppenhuhn (ca. 2 kg)
Salz
1 Stange Lauch
2 Möhren
8 Pfefferkörner
4 Pimentkörner
80 g Butter
80 g Mehl
Pfeffer
Zitronensaft nach Belieben
1 Dose Spargel
1 Dose kleine Champignons
1 kleines Glas Kapern
2 Eigelb

ZUBEREITUNGSZEIT

ca. 45 Minuten (plus Garzeit)

1 Das Huhn mit Küchenkrepp trocken tupfen. In einem großen Topf ca. 2,5 l Salzwasser zum Kochen bringen. Das Huhn hineingeben, das Wasser wieder zum Kochen bringen, dann das Huhn bei schwacher Hitze ca. 2 Stunden sanft köcheln lassen. Inzwischen Lauch und Möhren waschen, putzen und in grobe Stücke schneiden. Nach der Hälfte der Kochzeit zusammen mit den Gewürzen zum Huhn geben. Nach Ende der Kochzeit das Huhn aus der Brühe nehmen, das Fleisch von den Knochen lösen und in mundgerechte Stücke schneiden.

2 1 l von der Brühe abmessen. Die Butter in einem Topf schmelzen lassen. Das Mehl nach und nach unter ständigem Rühren mit dem Schneebesen hineingeben und anschwitzen, bis es weißlich schäumt. Die Brühe langsam unter Rühren dazugießen und glatt unterrühren. Die Sauce ca. 10 Minuten auf der ausgeschalteten Herdplatte ziehen lassen. Mit Salz, Pfeffer und Zitronensaft abschmecken.

3 Spargel, Champignons und Kapern abtropfen lassen. Den Spargel in Stücke schneiden. Eigelbe mit 2 El kaltem Wasser verquirlen und in die nicht mehr kochende Sauce rühren. Fleisch, Spargel, Champignons und Kapern in die Sauce geben und noch einmal kurz darin erwärmen. Dazu schmeckt Reis.

Auch lecker

Spargel und Champignons aus der Dose geben dem Frikassee eine leckere säuerliche Note. Feiner wird es mit frischem gekochten Spargel und frischen gebratenen Pilzen!

Rheinischer Brauhausliebling
HIMMEL UN ÄÄD

FÜR 4 PORTIONEN

1 kg Äpfel (z. B. Boskop)
1 El Zucker
150 g Butter
1 kg Kartoffeln
Salz
200 ml Milch
1 Prise geriebene Muskatnuss
4 mittelgroße Zwiebeln
1 Ring Blutwurst („Flönz“)
Mehl zum Bestäuben
1 El Butterschmalz

ZUBEREITUNGSZEIT

ca. 35 Minuten
(plus Garzeit)

1 Für das Apfelmus die Äpfel schälen, entkernen und in Würfel schneiden. Den Zucker in einem Topf leicht karamellisieren, 50 g Butter dazugeben und die Apfelstücke bei geringer Hitze etwa 15 Minuten weich dünsten. Nach Belieben grob stampfen oder fein pürieren und erkalten lassen.

2 Für das Püree die Kartoffeln waschen, schälen, halbieren und in Salzwasser ca. 20 Minuten gar kochen. Abgießen und noch heiß mit einem Kartoffelstampfer zerdrücken. Die Milch erhitzen und 50 g Butter darin schmelzen. Die Milch-Butter-Mischung nach und nach unter die Kartoffeln rühren. Das Püree mit Salz und Muskat abschmecken.

3 Die Zwiebeln schälen und in Scheiben schneiden. Die restliche Butter in einer Pfanne erhitzen und die Zwiebelringe darin rösten.

4 Die Blutwurst in fingerdicke Scheiben schneiden und leicht mit Mehl bestäuben. Das Butterschmalz in einer Pfanne erhitzen und die Blutwurst darin kräftig anbraten, bis sich eine Kruste bildet. Mit Kartoffelpüree, Apfelmus und Röstzwiebeln servieren.

Himmel un Ääd – Himmel und Erde – fehlt im Rheinland auf keiner Brauhauskarte. Kein Wunder: Kartoffelpüree, gebratene Blutwurst („Flönz“), Apfelmus und Röstzwiebeln passen so perfekt zusammen wie Köln und der Dom. Für den niedlichen Namen des Gerichts sind zwei der Hauptzutaten verantwortlich: die Äpfel (sie hängen am Himmel (= Baum)) und die Kartoffeln (sie wachsen in der Erde).

JÄGERSCHNITZEL
Klassisch mit Pilzsauce

FÜR 4 PORTIONEN

Für die Sauce

500 g Champignons
1 Zwiebel
½ Bund Petersilie
1–2 El Öl
1 El Mehl
250 g Sahne
Salz
Pfeffer

Für die Schnitzel

4 Kalbs- oder Schweineschnitzel (à ca. 150 g)
Salz
Pfeffer
50 g Mehl
200 g Semmelbrösel
2 Eier
100 g Butterschmalz

ZUBEREITUNGSZEIT

ca. 45 Minuten (plus Garzeit)

1 Für die Sauce die Champignons putzen und in Scheiben schneiden. Zwiebel schälen und klein würfeln. Die Petersilie waschen, trocken schütteln und die Blätter fein hacken. Etwas Öl in einer Pfanne erhitzen und die Champignons darin 2–3 Minuten anbraten. Aus der Pfanne nehmen. Wieder etwas Öl in die Pfanne geben, die Zwiebelwürfel darin anbraten und nach 2 Minuten mit dem Mehl bestäuben. Etwa 1 Minute mitschwitzen, dann die Sahne angießen und die Sauce etwas andicken lassen. Pilze und Petersilie dazugeben. Die Sauce mit Salz und Pfeffer abschmecken und warm stellen.

2 Die Schnitzel mit Küchenkrepp trocken tupfen. Zwischen 2 Lagen Frischhaltefolie flach klopfen. Salzen und pfeffern. Für die Panade Mehl und Semmelbrösel jeweils auf einen flachen Teller streuen. Die Eier in einem tiefen Teller verquirlen. Die Schnitzel zuerst in Mehl wenden, sodass sie überall von einer dünnen Mehlschicht überzogen sind. Dann beidseitig durch die Eier ziehen. Zum Schluss in den Semmelbröseln wenden, dabei die Brösel leicht andrücken.

3 Das Butterschmalz in 2 Pfannen auf mittlerer Stufe erhitzen. Die Schnitzel darin auf einer Seite ca. 3 Minuten braten, dabei mehrmals mit Butterschmalz übergießen. Die Schnitzel wenden und auf der zweiten Seite ebenfalls 3 Minuten braten. Die Schnitzel mit der Pilzsauce servieren. Dazu schmecken Spätzle.

ROLLBRATEN
mit Backpflaumen

FÜR 4–6 PORTIONEN

Für den Braten
2 Zwiebeln
1 Bund Suppengrün
½ Bund Petersilie
1 kg Rollbraten (Schweinenacken), zur Roulade geschnitten
Salz
Pfeffer
200 g entsteinte getrocknete Softpflaumen
1 ½ Tl getrockneter Majoran
1 l Gemüsebrühe

Für die Sauce
100 ml Rotwein
200 g Sahne
evtl. 1–2 Tl Speisestärke
1 El Wild-Preiselbeeren (aus dem Glas)
Salz
Pfeffer

ZUBEREITUNGSZEIT
ca. 20 Minuten (plus Garzeit)

1 Den Backofen auf 175 °C vorheizen. Zwiebeln schälen und in Spalten schneiden. Suppengrün putzen, nach Bedarf schälen und in grobe Würfel schneiden. Die Blättchen von der Petersilie abzupfen und fein hacken.

2 Das Fleisch mit Salz und Pfeffer würzen. Die Pflaumen halbieren und auf dem Fleisch verteilen. Petersilie und Majoran darüberstreuen. Das Fleisch aufrollen und mit Küchengarn zubinden. Zusammen mit den Zwiebeln und dem Gemüse in die Fettpfanne des Ofens oder in eine Auflaufform geben. Die Hälfte der Brühe angießen und den Braten im Ofen ca. 90 Minuten garen, dabei gelegentlich etwas Brühe nachgießen.

3 Den Braten herausnehmen, in Alufolie wickeln und ruhen lassen. 300 ml des Bratenfonds abmessen, in einen Topf gießen, Rotwein und Sahne hinzufügen und köcheln lassen, bis die Flüssigkeit um etwa ⅓ reduziert ist. Wenn die Sauce noch zu dünnflüssig sein sollte, die Speisestärke mit etwas Wasser glatt rühren, in die Sauce rühren und 2 Minuten mitkochen. Zum Schluss die Preiselbeeren einrühren und die Sauce mit Salz und Pfeffer abschmecken. Den Braten mit der Sauce servieren. Dazu schmecken Petersilienkartoffeln.

Kleiner Tipp

Für eine noch sämigere Sauce einen Teil des Suppengemüses zufügen und pürieren.

KÖNIGSBERGER KLOPSE
Natürlich mit Kapern!

FÜR 4 PORTIONEN

1 altbackenes Brötchen
60 g Butter
40 g Mehl
500 ml Fleischbrühe
4 Sardellenfilets aus dem Glas
1 Zwiebel
1 Ei
400 g gemischtes Hackfleisch
Salz
Pfeffer
1–2 El Kapern
1 Tl Zitronensaft

ZUBEREITUNGSZEIT

ca. 30 Minuten
(plus Garzeit)

1 Das Brötchen in kaltem Wasser einweichen. Die Butter in einem großen Topf schmelzen. Das Mehl nach und nach unter ständigem Rühren mit dem Schneebesen hineingeben und anschwitzen, bis es weißlich schäumt. Die Brühe langsam unter Rühren dazugießen und glatt unterrühren. Die Sauce ca. 5 Minuten auf niedriger Stufe köcheln lassen.

2 In der Zwischenzeit die Sardellen abtropfen lassen und in kleine Würfel schneiden. Die Zwiebel schälen und fein hacken. Das Ei trennen, Eigelb beiseitestellen. Das Brötchen gut ausdrücken und mit Hackfleisch, Zwiebel, Eiweiß und Sardellen vermischen. Mit Salz und Pfeffer abschmecken.

3 Die Masse zu Klopsen formen. Die Klopse in die Sauce geben und auf niedrigster Stufe etwa 15 Minuten in der Sauce ziehen lassen. Dann herausnehmen und warmhalten. Die Kapern in die Sauce geben und die Sauce mit Zitronensaft, Salz und Pfeffer abschmecken. Zum Binden das Eigelb mit 2 El kaltem Wasser verrühren und zügig unter die Sauce rühren. Die Klopse wieder in die Sauce geben und servieren. Dazu passen Salzkartoffeln.

RHEINISCHER SAUERBRATEN

mit Rosinensauce

FÜR 4 PORTIONEN

800 g Rinderbraten (z. B. Zungenstück)
1 Zwiebel
1 Bund Suppengrün
250 ml Weinessig
Salz
1 El Pfefferkörner
4 Wacholderbeeren
3 Gewürznelken
1 Lorbeerblatt
½ Tl Senfkörner
Pfeffer
50 g Butterschmalz
50 g Saucenlebkuchen
50 g Rosinen
1 El dunkler Rübensirup

ZUBEREITUNGSZEIT

ca. 30 Minuten (plus Marinierzeit und Garzeit)

1 Das Fleisch trocken tupfen und in eine verschließbare Schüssel legen. Zwiebel und Suppengrün putzen bzw. schälen und grob würfeln. Das Gemüse zusammen mit Essig, 750 ml Wasser, ½ Tl Salz und den anderen Gewürzen in einen Topf geben, aufkochen, dann abkühlen lassen. Das Fleisch mit der Marinade übergießen (der Braten muss bedeckt sein), die Schüssel verschließen und das Fleisch 4 Tage im Kühlschrank durchziehen lassen, dabei einmal täglich wenden.

2 Das Fleisch aus der Marinade nehmen, trocken tupfen, salzen und pfeffern. In einem Bräter das Butterschmalz erhitzen und den Braten darin bei starker Hitze rundum kräftig anbraten. Das Gemüse mit einem Schaumlöffel aus der Marinade heben, abtropfen lassen, zum Fleisch geben und ebenfalls anbraten. 375 ml Marinade und 125 ml Wasser angießen und den Braten zugedeckt bei schwacher Hitze ca. 90 Minuten schmoren lassen, dabei ggf. hin und wieder weitere mit Wasser verdünnte Marinade nachgießen. Nach 1 Stunde den Lebkuchen dazubröckeln.

3 Inzwischen die Rosinen in Wasser einweichen. Kurz vor Ende der Garzeit den Backofen auf 80 °C vorheizen. Das Fleisch aus der Sauce nehmen und in Alufolie gewickelt im Ofen warmhalten. Die Sauce durch ein Sieb in ein Auffanggefäß streichen, zurück in den Topf geben und einmal aufkochen. Rosinen und Rübensirup dazugeben, nochmals aufkochen, dann mit Salz und Pfeffer abschmecken. Das Fleisch mit der Sauce servieren. Dazu passen Knödel mit Rotkohl.

Sauerbraten ist in vielen Teilen Deutschlands bekannt und beliebt. Typisch für die rheinische Variante ist, dass der säuerliche Braten mit einer süßlichen Sauce auf den Tisch kommt. Rosinen sind ein Muss! Auch Rübensirup und Lebkuchen findet man in den meisten Rezepten. Traditionell wurde für Sauerbraten Pferdefleisch verwendet, heute wird er meist aus Rindfleisch zubereitet.

Auch lecker

Wer mag, rührt noch einen Schuss Sahne unter die Sauce.

FÜR 4 PORTIONEN

1 Beutel Rheinische Schneidebohnen, milchsäurevergoren (500 g)
600 g mehligkochende Kartoffeln
200 g fetter Speck
200 g durchwachsener Speck
1 Zwiebel
1 El Butterschmalz
½ Tl Bohnenkraut
Zucker
4 Mettwürste
Salz, Pfeffer

ZUBEREITUNGSZEIT

ca. 40 Minuten
(plus Garzeit)

Deftiger Eintopf

RHEINISCHE SCHNIBBELBOHNEN

1 Die Bohnen in ein Sieb gießen und mit kaltem Wasser abbrausen. Abtropfen lassen. Die Kartoffeln schälen, vierteln und in kochendem Salzwasser ca. 20 Minuten weichkochen.

2 In der Zwischenzeit den fetten Speck würfeln. Durchwachsenen Speck in Scheiben schneiden. Zwiebel schälen und fein hacken. Den fetten Speck in einem großen Topf bei niedriger Hitze auslassen. Die ausgelassenen Fettwürfel herausnehmen und beiseitestellen. Butterschmalz zu dem Speckfett in den Topf geben und die Zwiebel und den durchwachsenen Speck darin anbraten. Die Bohnen dazugeben und so viel heißes Wasser angießen, dass die Bohnen bedeckt sind. Bohnenkraut und 1 Prise Zucker zufügen. Die Bohnen zugedeckt bei niedriger Hitze ca. 25 Minuten köcheln lassen. Etwa 10–15 Minuten vor Ende der Garzeit die Mettwürste auf die Bohnen legen und gar ziehen lassen.

3 Die Kartoffeln mit dem Kartoffelstampfer grob zerstampfen. Mettwürste aus dem Topf nehmen und die zerstampften Kartoffeln unter die Bohnen mischen. Nach Belieben den fetten Speck untermischen. Mit Salz und Pfeffer abschmecken und mit den Mettwürsten servieren.

Auch lecker

Die Schnibbelbohnen schmecken auch hervorragend mit Bratwurst oder Kasseler!

FÜR 4 PORTIONEN
1 kg Grünkohl
Salz
2 Zwiebeln
2 El Gänseschmalz
250 ml Gemüsebrühe
Pfeffer
250 g Rauchfleisch
300 g geräucherte Mettwurst
400 g Grützwurst (Pinkel)
3 El Haferflocken

ZUBEREITUNGSZEIT
ca. 20 Minuten
(plus Garzeit)

Schmeckt auch
Kartoffeln schälen, in kleine Würfel schneiden und direkt zusammen mit dem Grünkohl garen.

Moin!

GRÜNKOHL MIT PINKEL

1 Den Grünkohl putzen, die Blätter vom Strunk lösen, harte Blattrippen herausschneiden. Den Grünkohl etwa 3 Minuten in kochendem Salzwasser blanchieren, dann herausnehmen, abtropfen lassen und hacken.

2 Die Zwiebeln schälen und hacken. Das Schmalz in einem Topf erhitzen und die Zwiebeln darin andünsten. Den Grünkohl dazugeben und unter Rühren mitschmoren. Die Brühe angießen, mit Salz und Pfeffer würzen und ca. 25 Minuten köcheln.

3 Nach der Garzeit das Rauchfleisch zugeben und abgedeckt 15 Minuten weiterköcheln. Die Mettwurst in Scheiben schneiden, mit der Grützwurst zum Grünkohl geben und alles weitere 20 Minuten bei geringer Hitze schmoren. Die Haferflocken unterrühren und 10 Minuten quellen lassen. Den Grünkohl abschmecken. Dazu schmecken Salzkartoffeln.

Nach dem ersten Frost geht sie endlich wieder los: die Grünkohlsaison!
Im Norden Deutschlands kommt er meist mit Pinkel auf den Teller.
Die geräucherte, grobe Grützwurst passt perfekt zu dem köstlichen Kohl.
Zur Not tut´s aber auch Mettwurst!

Geschmacks-sache

Die Sauce schmeckt auch sehr lecker, wenn man einen Teil des Rotweins durch Portwein ersetzt.

ZWIEBELROSTBRATEN
mit Rotweinsauce

FÜR 4 PORTIONEN

4 Zwiebeln
30 g Butter
4 Scheiben Roastbeef oder Hohe Rippe (à ca. 150 g)
Salz
Pfeffer
Mehl zum Bestäuben
40 g Butterschmalz
100 ml Rotwein
1 l Rindfleischbrühe
½ Tl Senf
½ Tl getrockneter Majoran
1 Lorbeerblatt
Zucker oder Johannisbeergelee

ZUBEREITUNGSZEIT

ca. 20 Minuten (plus Garzeit)

1 Den Backofen auf 80 °C vorheizen. Die Zwiebeln schälen und in dünne Ringe schneiden. 20 g Butter in einer Pfanne erhitzen und die Zwiebelringe darin bei schwacher Hitze weich braten. Herausnehmen und im Ofen warm stellen.

2 Das Fleisch mit Küchenkrepp trocken tupfen, etwas flachklopfen und mit Salz und Pfeffer würzen. Von einer Seite mit Mehl bestäuben. Das Butterschmalz in der Pfanne erhitzen und die Fleischscheiben zuerst auf der bemehlten Seite, dann von der anderen Seite insgesamt etwa 3 Minuten kräftig braten. Dann herausnehmen und in Alufolie gewickelt ca. 20 Minuten im Ofen ruhen lassen.

3 Inzwischen die Sauce zubereiten. Dafür überschüssiges Fett aus der Pfanne abgießen. Den Rotwein in die Pfanne geben und den Bratensatz unter Rühren loskochen. Kurz aufkochen lassen, dann Brühe, Senf, Majoran und Lorbeerblatt zugeben. Den Fleischsaft aus der Alufolie hinzufügen. Die Sauce gut einköcheln lassen. Zum Schluss zum Binden die restliche Butter (sie muss sehr kalt sein) einrühren. Die Sauce mit Salz, Pfeffer und Zucker oder Johannisbeergelee abschmecken. Das Fleisch noch einmal ca. 5 Minuten in der Sauce ziehen lassen. Dann bedeckt mit den Zwiebeln und mit der Sauce servieren. Dazu schmecken Spätzle oder Kartoffelpüree.

GEBRATENE FORELLE
mit Mandelbutter

FÜR 4 PORTIONEN

½ Bund Petersilie
2 unbehandelte Zitronen
4 küchenfertige Forellen (à ca. 300 g)
Salz
80 g Mehl
3–4 El Butterschmalz
100 g Mandelblättchen

ZUBEREITUNGSZEIT

ca. 15 Minuten (plus Garzeit)

1 Petersilie waschen, trocken schütteln und die Blätter hacken. 1 Zitrone heiß abwaschen, trocken reiben und in Spalten schneiden, die zweite Zitrone auspressen.

2 Die Forellen innen und außen mit Küchenkrepp trocken tupfen, salzen und mit Zitronensaft beträufeln. Das Mehl auf einem Teller verteilen und die Forellen darin wenden, überschüssiges Mehl abschütteln.

3 Das Butterschmalz in einer großen beschichteten Pfanne erhitzen. Die Forellen darin ca. 1 Minute anbraten, dann bei mittlerer Hitze 6–8 Minuten braten (je nach Dicke der Fische). Wenden und weitere 6–8 Minuten braten, dabei 4 Minuten vor Schluss die Mandelblättchen dazugeben und goldgelb mitbraten.

4 Die Forellen mit Mandeln und mit Petersilie bestreut servieren. Zitronenspalten zum Beträufeln dazureichen. Dazu schmecken in Butter geschwenkte Salzkartoffeln.

Kleiner Tipp

Die Forellen sind gar, wenn sich die Rückenflosse leicht herausziehen lässt.

Fisch trifft Bratkartoffel

HAMBURGER PANNFISCH

Pannfisch war ursprünglich ein Resteessen, heute ist es eine beliebte Spezialität. Kein Wunder! Wenn kross gebratener Fisch auf knusprige Bratkartoffeln und köstliche Senfsauce trifft, kann es nur wunderbar schmecken, oder?

FÜR 4 PORTIONEN

1 kg festkochende Kartoffeln
Salz
1 Zwiebel
80 g durchwachsener Speck
4 El Butterschmalz
Pfeffer
2 El Butter
5 El Mehl
250 ml Gemüsebrühe
150 g Sahne
2 El grober Senf
1 Tl gehackter Dill
Zitronensaft nach Belieben
1 Prise Zucker
600 g Fischfilet, z. B. Seelachs, Schellfisch oder Kabeljau

ZUBEREITUNGSZEIT

ca. 40 Minuten
(plus Garzeit)

1 Die Kartoffeln gründlich waschen und mit der Schale in reichlich Salzwasser ca. 20 Minuten gar, aber nicht zu weich kochen. Abgießen und im Topf etwas ausdämpfen lassen. Dann pellen und abkühlen lassen. Anschließend in ca. 0,5 cm dicke Scheiben schneiden.

2 Zwiebel schälen und in kleine Würfel schneiden. Den Speck ebenfalls klein würfeln, dann ohne Fettzugabe in einer großen Pfanne auslassen. Zwiebelwürfel dazugeben und goldgelb braten. Alles aus der Pfanne nehmen und beiseitestellen.

3 2 El Butterschmalz in die Pfanne geben und erhitzen. Die Kartoffelscheiben darin von jeder Seite ca. 5 Minuten goldbraun und knusprig braten, dabei erst Wenden, wenn sie sich gut vom Pfannenboden lösen. Die Zwiebel-Speck-Mischung zugeben und untermischen. Mit Salz und Pfeffer abschmecken.

4 Für die Senfsauce die Butter in einem Topf schmelzen lassen. 2 El Mehl unter Rühren mit dem Schneebesen hineingeben und anschwitzen, bis es weißlich schäumt. Langsam Brühe und Sahne unter Rühren zugießen und glatt unterrühren. Aufkochen lassen, dann ca. 5 Minuten bei schwacher Hitze köcheln lassen. Zum Schluss Senf und Dill einrühren und die Sauce mit Salz, Pfeffer, Zitronensaft und Zucker abschmecken.

5 Den Fisch waschen, trocken tupfen und in mundgerechte Stücke schneiden. Salzen und pfeffern. Das restliche Mehl auf einen flachen Teller geben und die Fischstücke darin wenden, überschüssiges Mehl abklopfen. In einer großen Pfanne 2 El Butterschmalz erhitzen. Den Fisch darin von jeder Seite ca. 3 Minuten knusprig braten. Mit den Bratkartoffeln und der Sauce servieren.

So schmeckt der Norden

SCHOLLE FINKENWERDER ART

Noch ein heiß geliebter norddeutscher Klassiker, benannt nach dem Hamburger Stadtteil Finkenwerder: saftige Scholle, mit knusprigen Speckwürfeln, dazu am besten Bratkartoffeln und hinterher ein Kümmel-Schnäpschen … Fisch muss schließlich schwimmen!

FÜR 4 PORTIONEN

2–3 Zweige Petersilie
2 El Butterschmalz
100 g gewürfelter Frühstücksspeck
4 küchenfertige Schollen (à ca. 300 g)
100 g Mehl

ZUBEREITUNGSZEIT

ca. 15 Minuten (plus Garzeit)

1 Die Petersilie waschen, trocken schütteln und die Blätter hacken. In 2 große Pfannen jeweils 1 El Butterschmalz geben und erhitzen. Den Speck auf die Pfannen verteilen und knusprig braten. Mit einem Schaumlöffel aus den Pfannen nehmen, das Speckfett in den Pfannen belassen.

2 Die Schollen mit Küchenkrepp trocken tupfen. Auf der dunklen Hautseite rechts und links der Mittelgräte einschneiden. Das Mehl auf einem flachen Teller verteilen und die Schollen darin von beiden Seiten wenden, überschüssiges Mehl abschütteln.

3 Die Pfannen mit dem Speckfett erhitzen. Die Schollen darin zunächst bei schwacher bis mittlerer Hitze 6–8 Minuten auf der dunklen Hautseite goldbraun braten, dann wenden und weitere 5 Minuten braten. Die Schollen auf 4 vorgewärmte Teller verteilen.

4 Die Speckwürfel noch einmal kurz in dem Pfannenfett erhitzen, die Petersilie untermischen. Die Mischung auf den Schollen verteilen. Dazu schmecken Bratkartoffeln oder Salzkartoffeln.

Kleiner Tipp

Schollen lassen sich kinderleicht zerlegen: Entlang der Mittelgräte einschneiden, dann mit einem Messer das Fleisch jeweils von der Mitte nach außen abschieben. Mittelgräte abziehen.

KOCHFISCH
mit Senfsauce

FÜR 4 PORTIONEN

Für den Fisch

1 Zwiebel
6 Pimentkörner
6 Pfefferkörner
2 Lorbeerblätter
Salz
4 Kabeljaufilets (à ca. 150 g)
gehackte Petersilie nach Belieben

Für die Senfsauce

50 g Butter
50 g Mehl
200 ml Milch
1 El Senf
Salz
Pfeffer

ZUBEREITUNGSZEIT

ca. 15 Minuten
(plus Garzeit)

1 Die Zwiebel schälen und vierteln. In einem großen Topf 3 l Wasser mit Piment, Pfefferkörnern, Lorbeerblättern, Zwiebel und ½ Tl Salz aufkochen. Die Hitze reduzieren, den Fisch hineingeben und bei schwacher Hitze ca. 10 Minuten gar ziehen lassen. Die Fischstücke dann vorsichtig mit einer Schaumkelle herausnehmen und warm halten.

2 Für die Sauce 200 ml des Fischsuds abmessen. Die Butter schmelzen, Mehl unter ständigem Rühren dazugeben und anschwitzen, bis es weißlich schäumt. Den Fischsud langsam dazugießen und glatt unterrühren. Die Milch dazugeben und alles ca. 5 Minuten köcheln lassen. Zum Schluss den Senf einrühren und die Sauce mit Salz und Pfeffer abschmecken.

3 Den Fisch mit der Sauce servieren. Nach Belieben mit Petersilie bestreuen. Dazu schmecken Salzkartoffeln.

Auch lecker

Statt Kabeljau ein großes Stück Schellfisch aus dem Mittelteil – dieses ca. 20 Minuten garen.

FÜR 4 PORTIONEN

Für den Fisch
- 4 Stück Kabeljaufilet
- Salz, Pfeffer
- ½ Bund Petersilie
- 50 g Toastbrot
- abgeriebene Schale von ½ unbehandelten Zitrone
- 1 Tl Senf
- 3 El Öl

Für die Sauce
- 2 El Butter
- 2 El Mehl
- 200 ml Fischfond
- 100 ml Weißwein
- 100 g Sahne
- 1 Spritzer Zitronensaft
- Salz, Pfeffer

ZUBEREITUNGSZEIT
ca. 20 Minuten (plus Garzeit)

ÜBERBACKENER KABELJAU
mit Weißweinsauce

1 Den Backofen auf 200 °C vorheizen. Den Fisch mit Salz und Pfeffer würzen. Die Blätter von der Petersilie zupfen. Das Toastbrot würfeln und zusammen mit der Petersilie im Blitzhacker grob zerkleinern. Mit Zitronenschale, Senf und 2 El Öl vermischen und mit Salz und Pfeffer abschmecken.

2 Eine ofenfeste Form (ca. 20 x 30 cm) mit dem restlichen Öl einfetten und die Fischfilets hineinlegen. Die Kräuter-Mischung auf die Filets streichen und etwas andrücken. Den Fisch 12–15 Minuten im Ofen garen.

3 Inzwischen die Sauce zubereiten. Dazu die Butter schmelzen. Mehl unter ständigem Rühren dazugeben und anschwitzen, bis es weißlich schäumt. Den Fischfond langsam dazugeben und glatt unterrühren. Weißwein und Sahne zugießen und alles 5–10 Minuten köcheln lassen. Zum Schluss die Sauce mit Zitronensaft, Salz und Pfeffer abschmecken. Den Fisch mit der Sauce servieren. Dazu schmecken Salzkartoffeln.

FÜR 4 PORTIONEN

Für die Frikadellen

500 g Lachsfilet ohne Haut
1 Tl Dill
1 El Zitronensaft
Salz, Pfeffer
1 El Butter
1 Tl Öl

Für die Zitronencreme

1 Schalotte
150 g Crème fraîche
1 Tl Zitronensaft
1 Tl abgeriebene Schale von 1 unbehandelten Zitrone
60 g feinkörniger Rogen nach Belieben
Salz, Zucker
Schnittlauchröllchen zum Garnieren nach Belieben

ZUBEREITUNGSZEIT

ca. 15 Minuten (plus Garzeit)

Auch lecker

Als Fisch eignet sich z. B. auch Seelachs, Rotbarsch oder Heilbutt.

LACHSFRIKADELLEN

mit Zitronencreme

1 Den Lachs in Stücke schneiden. Dann zusammen mit Dill, Zitronensaft und je 2 Prisen Salz und Pfeffer in einem Blitzhacker fein zerkleinern. Mit feuchten Händen 4 flache, runde Frikadellen formen.

2 Für die Zitronencreme die Schalotte schälen und fein hacken. Mit Crème fraîche, Zitronensaft und -schale verrühren. Nach Belieben den Rogen unterrühren. Mit Salz und 1 Prise Zucker abschmecken.

3 Butter mit Öl in einer Pfanne erhitzen und die Lachsfrikadellen von jeder Seite etwa 3 Minuten braten. Zusammen mit der Zitronencreme servieren. Nach Belieben mit Schnittlauch garnieren. Dazu passen Pellkartoffeln.

MIESMUSCHEL
„op Rheinisch"

Muscheln im Rheinland? Da gibt´s doch gar kein Meer ... Stimmt, aber dafür den Rhein! Schon vor Jahrhunderten zogen die Handelsschiffe aus Holland über den Rhein und brachten die Miesmuschel ins Rheinland. Und jedes Jahr zur Muschelsaison „jeit dat Spillche widder loss"!

FÜR 4 PORTIONEN

2 kg küchenfertige Miesmuscheln
2 Zwiebeln
1 Knoblauchzehe
1 Stange Lauch
2 Möhren
50 ml Öl
Salz
Pfeffer
Zucker
200 ml Weißwein
1 Lorbeerblatt
½ Bund gehackte Petersilie

ZUBEREITUNGSZEIT

ca. 15 Minuten (plus Garzeit)

1 Die Muscheln gründlich unter fließendem Wasser abbürsten. Bereits geöffnete Muscheln entsorgen. Zwiebeln schälen und würfeln. Knoblauch schälen und in feine Streifen schneiden. Den Lauch putzen, das obere Drittel wegschneiden, den Rest in Ringe schneiden. Möhren schälen und klein würfeln.

2 Das Öl in einem Topf erhitzen und das Gemüse darin anschwitzen. Mit je einer kräftigen Prise Salz, Pfeffer und Zucker würzen. Weißwein, Lorbeerblatt und Petersilie hinzugeben und aufkochen lassen. Die Muscheln hinzufügen und zugedeckt bei schwacher bis mittlerer Hitze ca. 5 Minuten dämpfen, bis sie sich geöffnet haben. Währenddessen ab und zu am Topf rütteln. Die Muscheln, die sich nach dem Kochen nicht geöffnet haben, aussortieren. Die Muscheln mit etwas Muschelsud servieren.

Stilecht

Der Rheinländer isst zu den Muscheln am liebsten Schwarzbrot mit ordentlich Butter!

VEGETARISCHES

In diesem Kapitel haben Gemüse, Getreide & Co. ihren großen Auftritt. Denn die Heimatküche hat auch vegetarisch viel zu bieten! Bei Allgäuer Kasspatzen, Schupfnudeln mit Spargel-Frikassee oder Pfannkuchen mit Pfifferlingen spielen Fleisch und Wurst nicht mal mehr eine Nebenrolle.

GEFÜLLTE KARTOFFELKLÖSSE

mit rahmigem Mangold

FÜR 4 PORTIONEN

Für die Klöße

700 g vorwiegend festkochende Kartoffeln
Salz
2 Eigelb
60 g Speisestärke
3 El fein gehackte Petersilie
1 Prise geriebene Muskatnuss
80 g Bergkäse

Für das Gemüse

2 Schalotten
400 g Mangold
4 getrocknete Feigen
1 Tl Senfkörner
1 El Butter
200 g Sahne
Salz
Pfeffer

Für die Walnussschmelze

30 g Walnusskerne
2 El Butter
2 El Semmelbrösel

ZUBEREITUNGSZEIT

ca. 50 Minuten (plus Garzeit)

1 Für die Klöße die Kartoffeln gründlich waschen und mit der Schale in reichlich Salzwasser etwa 20 Minuten garen. In der Zwischenzeit den Backofen auf 150 °C vorheizen. Die gegarten Kartoffeln auf einem Backblech verteilen und für etwa 8 Minuten in den Ofen geben und ausdämpfen. Dann pellen und durch die Kartoffelpresse in eine Schüssel drücken. Etwas abkühlen lassen. Die Eigelbe untermengen. Die Speisestärke darübersieben und unterarbeiten. Die Petersilie untermischen und die Masse mit Salz und Muskat abschmecken.

2 Aus dem Teig 8 gleich große Klöße formen. Den Käse in 8 gleich große Stücke schneiden. In jeden Kloß eine Mulde drücken und je ein Käsestück hineingeben. Wieder mit Teig verschließen und zu runden glatten Klößen abdrehen. Ist der Teig etwas klebrig, die Hände vorher mit Speisestärke einpudern. Die Klöße auf einen Teller setzen und mit einem feuchten Küchentuch abdecken.

3 Für das Gemüse die Schalotten schälen, halbieren und fein würfeln. Den Mangold putzen und die grünen Blätter vom Stiel schneiden. Die Stiele und die Blätter in feine Streifen schneiden. Die Feigen fein würfeln. Die Senfkörner in einen Topf geben und anrösten, bis sie anfangen zu tanzen. Butter zugeben und die Schalotten darin andünsten. Den Mangold zugeben und ebenfalls kurz andünsten. Zuletzt die Feigenwürfel in den Topf geben und alles mit der Sahne ablöschen. Etwa 6 Minuten köcheln lassen, dabei gelegentlich umrühren. Mit Salz und Pfeffer abschmecken.

4 Für die Walnussschmelze die Walnüsse fein hacken. Die Butter in einem Topf zerlassen und Walnüsse und Semmelbrösel darin anrösten.

5 Die Klöße in einen großen Topf mit kochendem Salzwasser geben. Die Hitze dann sofort auf ein Minimum reduzieren und die Klöße im siedenden Wasser etwa 15 Minuten gar ziehen lassen. Mit einer Schaumkelle aus dem Wasser heben, abtropfen lassen und mit dem Mangold anrichten. Mit der Walnussschmelze überziehen.

GEBRATENE SCHUPFNUDELN

mit Spargel-Pilz-Frikassee

FÜR 4 PORTIONEN

Für die Schupfnudeln

1 kg mehligkochende Kartoffeln
Salz
300 g Weizenmehl
3 Eier
1 Prise geriebene Muskatnuss
1 El Butter
Pfeffer

Für das Frikassee

500 g weißer Spargel
500 g grüner Spargel
500 ml Gemüsebrühe
50 g Butter
40 g Mehl
2 El frisch gepresster Zitronensaft
100 g Schmand
Salz
Pfeffer
200 g gemischte Pilze
1 El Öl
Kerbel zum Garnieren

ZUBEREITUNGSZEIT

ca. 80 Minuten

1 Für die Schupfnudeln die Kartoffeln gründlich waschen und mit der Schale in reichlich Salzwasser etwa 20 Minuten garen. Dann pellen und noch warm durch eine Kartoffelpresse drücken. Mit dem Mehl, den Eiern, etwas Salz und Muskat zu einem glatten Teig verarbeiten. Aus dem Teig etwa 1,5 cm dicke Rollen formen und diese in 5 cm lange Stücke schneiden. Die Teigstücke so über die Hand rollen, dass sie an den Enden etwas schmaler werden. Die Schupfnudeln in leicht köchelndes Wasser geben und ca. 5 Minuten garen, bis sie nach oben steigen. Vorsichtig mit einer Lochkelle herausnehmen, in ein Sieb geben und abtropfen lassen.

2 Für das Frikassee die holzigen Enden des Spargels abschneiden, den weißen Spargel außerdem schälen. Die Spargelstangen schräg in 3 cm lange Stücke schneiden. Die Gemüsebrühe aufkochen, den Spargel hineingeben und in etwa 10 Minuten bissfest garen. In ein Sieb abgießen und dabei die Gemüsebrühe auffangen. 300 ml Brühe abmessen.

3 Die Butter in den Topf geben und zerlassen. Das Mehl einrühren und unter Rühren anschwitzen. Mit der Gemüsebrühe ablöschen und unter Rühren aufkochen. Den Zitronensaft und den Schmand einrühren und die Sauce mit Salz und Pfeffer abschmecken.

4 Die Pilze putzen, das Öl in einer Pfanne erhitzen und die Pilze darin anbraten. Die Pilze aus der Pfanne nehmen.

5 Für die Schupfnudeln die Butter in die Pfanne geben, zerlassen und die Schupfnudeln darin anbraten. Mit Salz und Pfeffer würzen.

6 Pilze und Spargel in die Sauce geben und kurz aufkochen lassen. Die Schupfnudeln mit dem Spargel-Pilz-Frikassee auf Tellern anrichten und mit Kerbel garniert servieren.

Köstlich aus dem Ofen

KOHLRABI-KARTOFFEL-GRATIN

FÜR 4 PORTIONEN

1 kg festkochende Kartoffeln
4 kleine Kohlrabis
1 mittelgroße Zwiebel
3 El Butter
1 Tl Thymianblättchen
200 g Gemüsebrühe
250 g Sahne
1 Bund glatte Petersilie
4 El Semmelbrösel
80 g geriebener Parmesan
Butter für die Form

ZUBEREITUNGSZEIT

ca. 30 Minuten
(plus Garzeit)

1 Den Backofen auf 180 °C vorheizen. Kartoffeln und Kohlrabis schälen und in dünne Scheiben schneiden. Eine ofenfeste Form mit etwas Butter ausfetten. Die Kartoffel- und Kohlrabischeiben abwechselnd in die Form schichten.

2 Die Zwiebel schälen, halbieren und fein würfeln. 1 El Butter in einer Pfanne zerlassen und die Zwiebelwürfel darin glasig andünsten. Die Thymianblättchen zugeben und kurz anschwitzen. Mit der Brühe ablöschen und die Sahne zugeben. Aufkochen und etwa 5 Minuten bei mittlerer Hitze köcheln lassen. Die Sauce auf den Kartoffel- und Kohlrabischeiben verteilen und das Gratin für ca. 45 Minuten in den Ofen geben.

3 In der Zwischenzeit die Blätter von der Petersilie zupfen und fein hacken. Die restliche Butter in einer Schüssel schaumig aufschlagen. Die Semmelbrösel und die gehackte Petersilie zugeben. Alles zu einer bröseligen Masse vermischen. Nach 35 Minuten Garzeit das Gratin aus dem Ofen nehmen. Den Parmesan mit den Kräuterbröseln darüber verteilen. Wieder in den Ofen geben und ca. 10 Minuten goldbraun überbacken.

Auch lecker

Einfach ganz klassisch mit Kartoffeln und Spiegelei!

RAHMSPINAT
mit Spiegeleibrot

FÜR 4 PORTIONEN

1 kg Blattspinat
100 g Schalotten
1 Knoblauchzehe
3 El Butter
150 g Sahne
Salz
Pfeffer
1 Prise geriebene Muskatnuss
4 große Scheiben Bauernbrot
2 El Öl
8 Eier

ZUBEREITUNGSZEIT

ca. 40 Minuten

1 Den Spinat putzen und dabei die harten Stiele entfernen. Den Spinat gründlich waschen, in ein Sieb geben und gut abtropfen lassen. Die Schalotten und den Knoblauch schälen. Die Schalotten fein würfeln, den Knoblauch fein hacken. 2 El Butter in einem großen Topf zerlassen. Schalotten und Knoblauch darin bei mittlerer Hitze glasig andünsten. Die Hitze reduzieren, den Spinat zugeben und unter Rühren zusammenfallen lassen. Die Sahne zugeben und etwa 3 Minuten kochen lassen. Mit Salz, Pfeffer und Muskat abschmecken. Nach Belieben fein oder gröber pürieren.

2 Für die Spiegeleibrote den Backofen auf 180 °C vorheizen. Das Brot mit der restlichen Butter bestreichen und im vorgeheizten Ofen 3–4 Minuten anrösten. Das Öl auf zwei große Pfannen verteilen und erhitzen. Die Eier in die Pfannen geben und Spiegeleier ausbraten. Die Brote mit den Eiern belegen und mit etwas Salz und Pfeffer würzen. Den Spinat mit den Broten servieren.

ALLGÄUER KASSPATZEN

Natürlich mit Röstzwiebeln!

FÜR 4 PORTIONEN

400 g Mehl
Salz
4 Eier
2 Zwiebeln
3 El Butter
50 g geriebener Emmentaler
75 g geriebener Bergkäse

ZUBEREITUNGSZEIT

ca. 40 Minuten
(plus Zeit zum Ruhen)

1 Für den Spätzleteig Mehl und ½ Tl Salz in einer Schüssel mischen. Die Eier dazugeben und mit einem Kochlöffel unterrühren. Etwa 200 ml Wasser in den Teig gießen und alles zu einem glatten, dickflüssigen Teig verrühren. Abgedeckt etwa 30 Minuten ruhen lassen.

2 In einem großen Topf reichlich Wasser mit etwas Salz zum Kochen bringen. Den Spätzleteig portionsweise durch eine Spätzlepresse oder mit einem Spätzlehobel in den Topf drücken, alternativ von einem Spätzlebrett mit einem Schaber in den Topf schaben. Die Spätzle im Wasser ziehen lassen, bis sie an der Oberfläche schwimmen. Mit einer Schaumkelle herausnehmen, abtropfen lassen und in eine Schüssel geben. So fortfahren, bis der Teig aufgebraucht ist.

3 Für die Röstzwiebeln die Zwiebeln schälen und in dünne Ringe schneiden. 1 El Butter in einer Pfanne erhitzen und die Zwiebelringe darin unter Wenden goldbraun braten, dann herausnehmen.

4 Die restliche Butter erhitzen und die Spätzle darin schwenken. Den Käse gut unterrühren und kurz schmelzen lassen. Zum Schluss die Röstzwiebeln drüberstreuen.

Bei einem Urlaub im Allgäu ein absolutes Muss: ein Besuch von Schloss Neuschwanstein und ein herrlich deftiges Mahl mit Allgäuer Kasspatzen! Die Kasspatzen können Sie mit diesem Rezept aber auch ganz wunderbar zu Hause zubereiten und genießen.

PELLKARTOFFELN MIT GRIE SOSS

und pochiertem Ei

FÜR 4 PORTIONEN

10 Eier

2 Bund Grüne-Sauce-Kräuter (Petersilie, Borretsch, Kresse, Sauerampfer, Kerbel, Pimpinelle, Schnittlauch)

400 g Naturjoghurt

400 g saure Sahne

1 ½ El milder Senf

100 ml Öl

Saft von 1 Zitrone

Salz

Pfeffer

1 kg festkochende Kartoffeln

2 El Weißweinessig

ZUBEREITUNGSZEIT

ca. 50 Minuten

Gri Soß

Die Frankfurter Grie Soß (= Grüne Sauce) ist aus der hessischen Küche nicht wegzudenken! Sie besteht traditionell aus den genannten 7 Kräutern.

1 Für die Sauce 6 Eier hart kochen. Mit kaltem Wasser abschrecken und pellen. Die Kräuter verlesen und von den festen groben Stielen befreien. Die Kräuter sehr fein hacken und in eine Schüssel geben. Den Joghurt und die saure Sahne zugeben und mit den Kräutern verrühren.

2 Das Eiweiß der hartgekochten Eier vom Eigelb trennen. Das Eiweiß sehr fein hacken und unter die Kräutermasse mengen. Das Eigelb mit dem Senf und dem Öl in ein hohes Gefäß geben und mit dem Stabmixer zu einer cremigen Mayonnaise rühren. Die Mayonnaise unter die Grüne Sauce rühren und mit dem Zitronensaft, Salz und Pfeffer abschmecken.

3 Für die Pellkartoffeln die Kartoffeln gründlich waschen und mit der Schale in reichlich Salzwasser etwa 20 Minuten garen.

4 Inzwischen für die pochierten Eier den Weißweinessig in einem großen Topf mit reichlich Wasser aufkochen. Die restlichen Eier einzeln aufschlagen und in jeweils eine Tasse geben.
Aus den Tassen die Eier vorsichtig in das Wasser gleiten lassen. Besonders gut geht das, wenn man das Wasser vorher mit einem Schneebesen kräftig rührt, sodass ein Strudel entsteht. Die Eier etwa 1 Minute bei geringer Hitze köcheln lassen. Den Topf vom Herd nehmen und die Eier etwa 4 Minuten ziehen lassen. Nacheinander vorsichtig mit einer Lochkelle aus dem Wasser nehmen, abtropfen lassen und mit den Pellkartoffeln und der Sauce servieren.

FÜR 4 PORTIONEN

600 g Lauch
Salz
2 Knoblauchzehen
1 kleine Zwiebel
1 El Öl
250 g Sahne
Pfeffer
1 Prise geriebene Muskatnuss
400 g festkochende Kartoffeln
3 El Butter
80 g Bergkäse
100 g Semmelbrösel
1 Tl Thymianblättchen
1 El fein gehackter Rosmarin
2 El fein gehackte glatte Petersilie
Butter für die Form

ZUBEREITUNGSZEIT

ca. 40 Minuten
(plus Garzeit)

LAUCH-KARTOFFEL-AUFLAUF

mit köstlicher Kräuterkruste

1 Den Lauch putzen, der Länge nach vierteln, waschen und in etwa 10 cm lange Streifen schneiden. Dann in reichlich kochendem Salzwasser 3 Minuten garen, in ein Sieb abgießen und gründlich abtropfen lassen.

2 Knoblauch und Zwiebel schälen. Den Knoblauch fein hacken, die Zwiebel fein würfeln. Das Öl in einer Pfanne erhitzen und die Zwiebelwürfel bei mittlerer Hitze darin bräunen, den Knoblauch zugeben und andünsten. Die Sahne zugießen und 2 Minuten einköcheln lassen. Mit Salz, Pfeffer und Muskat würzen.

3 Den Backofen auf 180 °C vorheizen. Die Kartoffeln schälen und in dünne Scheiben schneiden oder hobeln. Eine Auflaufform mit etwas Butter ausfetten, die Kartoffeln hineinschichten und mit der Sahne-Sauce begießen. Den Bergkäse reiben, darüberstreuen und den Lauch auf dem Käse verteilen.

4 Die restliche Butter in einer Schüssel schaumig aufschlagen und mit den Semmelbröseln und den Kräutern krümelig vermengen. Die Kräuterkrümel auf dem Auflauf verteilen. Im Ofen 25 Minuten backen. Nach Ende der Garzeit den Ofen auf Grillfunktion stellen und den Auflauf goldgelb überbacken.

FÜR 4 PORTIONEN

100 g Weizenmehl
Salz
2 Eier
250 ml Milch
2 El Butter
800 g Spargel
Zucker
200 g Pfifferlinge
Pfeffer
frisch gepresster Zitronensaft
100 g Sahne
2 El fein geschnittener Schnittlauch
2 El Öl
100 g geriebener Bergkäse

ZUBEREITUNGSZEIT

ca. 1 Stunde

GEFÜLLTE PFANNKUCHEN

mit Pfifferlingen und Spargel

1 Das Mehl in eine Schüssel geben und mit 1 guten Prise Salz vermengen. Die Eier und die Milch zugeben und alles zu einem glatten Teig verrühren. 1 El Butter zerlassen und unter den Teig rühren.

2 Den Spargel schälen und die holzigen Enden entfernen. Den Spargel in kochendem Salzwasser mit 1 Prise Zucker bissfest garen. In ein Sieb abgießen und abtropfen lassen. Die Pfifferlinge putzen. Die restliche Butter in einer Pfanne zerlassen und die Pfifferlinge darin anbraten. Mit Salz, Pfeffer und etwas Zitronensaft abschmecken. Die Sahne zugießen, den Schnittlauch untermengen und etwa 3 Minuten bei mittlerer Hitze köcheln lassen. Vom Herd nehmen und beiseitestellen.

3 Den Backofen auf 180 °C vorheizen. Das Öl in einer weiteren Pfanne erhitzen und darin aus dem Teig nacheinander vier Pfannkuchen goldgelb ausbacken. Die Pfannkuchen mit dem Spargel und den Pfifferlingen füllen, in eine ofenfeste Form geben, den Bergkäse darüberstreuen. Die Pfannkuchen im vorgeheizten Ofen etwa 6 Minuten gratinieren. Aus dem Ofen nehmen und servieren.

BREZENKNÖDEL
mit Wirsing-Kartoffel-Gemüse

FÜR 4 PORTIONEN
500 g festkochende Kartoffeln
Salz
600 g Brezeln vom Vortag
2 mittelgroße Zwiebeln
2 El Butter
300 ml Milch
1 Prise geriebene Muskatnuss
3 Eier
2 El fein gehackte glatte Petersilie
2 El Semmelbrösel
500 g Wirsing
200 ml Gemüsebrühe
200 g Sahne
Pfeffer
2 El Preiselbeeren

ZUBEREITUNGSZEIT
ca. 65 Minuten

1 Die Kartoffeln gründlich waschen und mit der Schale in reichlich Salzwasser etwa 20 Minuten garen. In ein Sieb abgießen und auskühlen lassen.

2 Inzwischen die Brezeln in etwa 1 cm dicke Würfel schneiden und in eine Schüssel geben. Die Zwiebeln schälen, halbieren und sehr fein würfeln. 1 El Butter in einem Topf zerlassen und die Hälfte der Zwiebelwürfel darin andünsten. Mit der Milch ablöschen und aufkochen. Mit Muskat abschmecken, dann über die Brezelwürfel gießen. Alles gut vermengen und lauwarm auskühlen lassen. Eier, Petersilie und Semmelbrösel zugeben und alles zu einer kompakten Masse verkneten. Mit einem Tuch bedecken und etwa 30 Minuten durchziehen lassen.

3 In der Zwischenzeit den Wirsing von den dicken Rippen befreien und in etwa 3 cm breite Blättchen schneiden. Die ausgekühlten Kartoffeln pellen und in Würfel schneiden. Die restliche Butter in einer großen Pfanne zerlassen und die restlichen Zwiebelwürfel darin glasig andünsten. Wirsing zugeben und ebenfalls andünsten. Mit der Gemüsebrühe ablöschen und etwa 10 Minuten köcheln lassen. Die Sahne und die Kartoffelwürfel zugeben und zu einem cremigen Gemüse einkochen lassen. Mit Salz und Pfeffer abschmecken.

4 Aus der Knödelmasse 8 gleich große Knödel formen. Die Knödel in kochendes Salzwasser geben, die Hitze reduzieren und die Knödel im siedenden Wasser etwa 15 Minuten garen. Abtropfen lassen und mit dem Gemüse servieren. Mit Preiselbeeren garnieren.

KARTOFFELRÖSTI
mit Spargel-Pilz-Ragout

Pilze und Spargel harmonieren ganz wunderbar miteinander! Glauben Sie nicht?
Dann probieren Sie mal dieses köstliche Spargel-Pilz-Ragout!
Dazu knusprig gebackene Kartoffelrösti ... lecker!

FÜR 4 PORTIONEN

1 kg Spargel
Salz
Zucker
250 g gemischte Pilze
1 El Butter
150 g Sahne
1 El frisch gepresster Zitronensaft
Pfeffer
800 g festkochende Kartoffeln
4 El Öl
2 El fein geschnittener Schnittlauch

ZUBEREITUNGSZEIT

ca. 70 Minuten

1 Den Spargel schälen und die holzigen Enden entfernen. Die Spargelstangen schräg in 3 cm lange Stücke schneiden. Die Spargelstücke in kochendem Salzwasser mit 1 Prise Zucker etwa 10 Minuten bissfest garen. In ein Sieb abgießen, dabei den Kochfond auffangen.

2 Die Pilze putzen und in mundgerechte Stücke schneiden. Die Butter in einer Pfanne zerlassen und die Pilze darin anbraten. Mit 200 ml Kochfond ablöschen und aufkochen. Die Sahne zugeben und etwa 5 Minuten bei mittlerer Hitze köcheln lassen. Den Zitronensaft einrühren und mit Salz und Pfeffer würzen. Vom Herd nehmen und beiseitestellen.

3 Für die Rösti die Kartoffeln schälen und in dünne Scheiben schneiden oder hobeln. Die Kartoffelscheiben in sehr feine Streifen schneiden. Die Feuchtigkeit mit den Händen etwas ausdrücken und die Streifen in eine Schüssel geben. Mit etwas Salz und Pfeffer würzen.

4 Das Öl in einer Pfanne erhitzen. Jeweils ein Häufchen Kartoffelstreifen in die Pfanne geben und anbraten. Wenden, etwas andrücken und knusprig fertig braten. Auf diese Weise alle Kartoffelrösti braten.

5 In der Zwischenzeit das Pilzragout nochmals aufkochen, die Spargelstücke zugeben und etwa 5 Minuten bei geringer Hitze köcheln lassen. Das Spargel-Pilz-Ragout mit den Rösti servieren. Mit Schnittlauch bestreuen.

KOHLROULADEN
mit Möhren und Bergkäse

FÜR 4 PORTIONEN
8 große Wirsingblätter
Salz
800 g Möhren
½ Stange Lauch
1 mittelgroße Zwiebel
50 g Butter
250 ml Gemüsebrühe
60 g Bergkäse
2 El fein gehackte glatte Petersilie
Pfeffer
40 g Haselnüsse
2 El Schmand

ZUBEREITUNGSZEIT
ca. 1 Stunde

1 Die Wirsingblätter in kochendem Salzwasser 3 Minuten garen, in ein Sieb abgießen und mit kaltem Wasser abschrecken. Die Möhren putzen und in etwa 1 cm große Würfel schneiden. Den Lauch putzen, der Länge nach halbieren, in dünne Streifen schneiden und waschen. In einem Sieb abtropfen lassen. Die Zwiebel schälen, halbieren und fein würfeln.

2 Die Hälfte der Butter in einem Topf schmelzen und die Zwiebel, den Lauch und die Möhren darin andünsten. Mit 100 ml Gemüsebrühe ablöschen, aufkochen und das Gemüse etwa 5 Minuten köcheln lassen. Das Gemüse in eine Schüssel geben und auskühlen lassen.

3 Den Backofen auf 180 °C vorheizen. Den Bergkäse fein reiben. Die Wirsingblätter auf einem Küchentuch trocken tupfen. Das Gemüse mit dem Bergkäse und der Petersilie vermengen, mit etwas Salz und Pfeffer würzen und auf der Mitte der Wirsingblätter verteilen. Die Seiten der Blätter einschlagen und zusammenrollen.

4 Die Rouladen mit der Naht nach unten in einen Bräter setzen. Die übrige Butter flöckchenweise darauf verteilen und mit der restlichen Brühe begießen. Für etwa 15 Minuten in den Ofen geben.

5 In der Zwischenzeit die Haselnüsse hacken und in einer Pfanne ohne Fett leicht anrösten. Die Rouladen aus dem Ofen nehmen und auf Tellern anrichten. Den Schmorfond darübergießen und jeweils einen Klecks Schmand auf die Rouladen setzen. Mit den gerösteten Haselnüssen bestreuen und servieren.

ROSTENIT

Ofenliebling

WIRSING-KARTOFFEL-STRUDEL

FÜR 4 PORTIONEN

300 g Weizenmehl (Type 550)
60 ml Rapsöl
Salz
800 g festkochende Kartoffeln
1 Tl Kümmel
1 mittelgroße Zwiebel
400 g Wirsing
5 El Butter
150 g Sahne
Pfeffer
1 Prise geriebene Muskatnuss
60 g Backpflaumen, entsteint
Apfelmus nach Belieben
Mehl zum Bestäuben

ZUBEREITUNGSZEIT

ca. 1 Stunde
(plus Ruhezeit)

1 Das Mehl in eine Schüssel geben und mit 150 ml Wasser, 50 ml Rapsöl und 5 g Salz zu einem glatten, geschmeidigen Strudelteig verkneten. Den Teig dünn mit Öl einreiben und in Klarsichtfolie wickeln. Etwa 1 Stunde bei Zimmertemperatur ruhen lassen.

2 Die Kartoffeln gründlich waschen und mit der Schale unter Beigabe des Kümmels in reichlich Salzwasser etwa 20 Minuten garen. In ein Sieb abgießen und etwas abkühlen lassen. In der Zwischenzeit die Zwiebel schälen, halbieren und in feine Streifen schneiden. Den Wirsing von den dicken Blattrippen befreien und in etwa 1 cm breite Streifen schneiden.

3 Die Kartoffeln pellen und in etwa 1 cm große Würfel schneiden. In einer großen Pfanne 2 El Butter zerlassen, die Zwiebel darin glasig andünsten. Die Wirsingblätter zugeben und ebenfalls andünsten, bis sie zusammenfallen. Die Sahne angießen und bei mittlerer Hitze köcheln lassen, bis die Sahne eine dickflüssige Konsistenz angenommen hat. Die Kartoffeln zugeben und mit Salz, Pfeffer und Muskat würzen. Die Backpflaumen in kleine Stücke schneiden und untermengen. Auskühlen lassen.

4 Den Backofen auf 200 °C vorheizen. Ein großes Küchentuch auf der Arbeitsfläche ausbreiten und mit etwas Mehl bestäuben. Den Strudelteig mit einem Nudelholz darauf etwas ausrollen. Den Teig dann mit den Händen von der Teigmitte nach außen sehr dünn ausziehen. Die übrige Butter zerlassen und mit einem Teil den Teig bestreichen.

5 Die Wirsing-Kartoffel-Masse als Strang auf der unteren Seite des Teigs verteilen. Nun den belegten Strudelteig mit Hilfe des Küchentuchs zusammenrollen. Ein Backblech mit Backpapier auslegen und den Strudel vom Küchentuch vorsichtig auf das Blech gleiten lassen. Mit etwas Butter bestreichen und für 25–30 Minuten im Ofen goldbraun backen. Dabei immer wieder mit der restlichen Butter bestreichen. Dazu schmeckt Apfelmus.

Mein
Herz
für
Dich

SÜSSES & GETRÄNKE

Egal, ob als Abschluss eines Menüs oder als kleine Nascherei für zwischendurch – die Heimatküche kann auch süß. Und wie! Lassen Sie sich von fluffigem Kaiserschmarrn, cremigem Milchreis, Holunderblütensirup oder köstlichem Schokopudding den Tag versüßen!

QUARKKNÖDEL
mit Quittenkompott

FÜR 4 PORTIONEN

300 g Quark
25 g weiche Butter
2 El Puderzucker
1 Ei
1 Eigelb
½ Tl abgeriebene Schale von 1 unbehandelten Zitrone
Mark von ½ Vanilleschote
100 g Toastbrot
50 g gemahlene Mandeln
30 g Semmelbrösel
50 g Zucker
600 g Quitten
300 ml Apfelsaft
100 g Honig
1 El Zitronensaft
1 El Speisestärke
Salz

ZUBEREITUNGSZEIT

ca. 1 Stunde (plus Ruhezeit)

1 Ein Sieb mit einem feuchten Küchentuch auslegen, den Quark auf das Tuch geben und so gut wie möglich ausdrücken (es sollten etwa 200 g abgetropfter Quark übrig bleiben). Butter, Puderzucker, Ei, Eigelb, Zitronenschale und Vanillemark in eine Schüssel geben und mit dem Handrührgerät schaumig aufschlagen. Den Quark zugeben und alles zu einer glatten Masse verrühren. Die Rinde vom Toastbrot wegschneiden und das Toastbrot sehr fein würfeln oder in der Küchenmaschine zerkleinern. Die Brotwürfel unter die Quarkmasse mischen und diese abgedeckt für 1 Stunde in den Kühlschrank stellen.

2 Den Backofen auf 160 °C vorheizen. Mandeln, Semmelbrösel und 30 g Zucker vermischen, auf einem mit Backpapier ausgelegten Backblech verteilen. In den Ofen geben und goldbraun rösten. Dabei gelegentlich durchmischen.

3 Die Quitten unter heißem Wasser waschen und dabei die pelzige Oberfläche gründlich abreiben. Die Quitten vierteln, das Kerngehäuse herausschneiden und die Viertel in etwa 1 cm große Würfel schneiden. Die Quittenwürfel mit 250 ml Apfelsaft, Honig und Zitronensaft in einen Topf geben und etwa 20 Minuten bei mittlerer Hitze köcheln lassen, bis sie weich sind. Dabei gelegentlich umrühren. Die Speisestärke mit dem restlichen Apfelsaft glatt rühren und das Quittenkompott damit binden.

4 In einem großen Topf etwa 3 l Wasser erhitzen, 1 kräftige Prise Salz einstreuen und 20 g Zucker dazugeben. Aus der Knödelmasse acht gleich große Knödel formen und diese in dem leicht köchelnden Wasser etwa 10 Minuten garen. Die Knödel aus dem Wasser heben und auf einem Tuch abtropfen lassen. In den Bröseln wenden und mit dem Quittenkompott servieren.

Für Süßere

Quitten schmecken fruchtig-herb – wer es süßer mag, nimmt Aprikosen!

OFEN-KAISERSCHMARRN

mit Marillenröster

Einem fluffigem Kaiserschmarrn kann wohl so gut wie keiner widerstehen. Selbst nach einem ausgiebigen Mahl findet sich immer noch ein kleines Plätzchen im Magen für den süßen Verführer. Aber auch als süßes Hauptgericht wird er heiß gehandelt!

FÜR 4 PORTIONEN

Für den Marillenröster

500 g reife Marillen (Aprikosen)
100 g Zucker
Saft von ½ Zitrone
Mark von ½ Vanilleschote
2 cl Marillenschnaps

Für den Kaiserschmarrn

40 g Weizenmehl
130 ml Milch
1 Prise Salz
2 Prisen Vanillezucker
abgeriebene Schale von ¼ unbehandelten Zitrone
15 ml Rum
4 Eier
1 El Butterschmalz
40 g Rosinen
2 El Butter
40 g Puderzucker

ZUBEREITUNGSZEIT

ca. 1 Stunde

1 Für den Marillenröster die Marillen halbieren und entsteinen. Den Zucker in einen schweren Topf geben und bei niedriger Hitze langsam karamellisieren. Mit 150 ml Wasser ablöschen und den Zitronensaft sowie das Vanillemark zugeben. Etwa 5 Minuten köcheln lassen, bis sich der Zucker vollständig aufgelöst hat. Die Marillen und den Marillenschnaps dazugeben und die Marillen weich dünsten.

2 Den Backofen auf 200 °C vorheizen. Für den Kaiserschmarrn Mehl, Milch, Salz, Vanillezucker, Zitronenschale und Rum zu einem glatten Teig verrühren. Die Eier locker unter den Teig rühren, jedoch nicht verschlagen.

3 Das Butterschmalz in einer beschichteten, ofentauglichen Pfanne erhitzen. Den Teig in die Pfanne geben, mit Rosinen bestreuen und in den vorgeheizten Ofen schieben. Wenn die Oberfläche des Teigs fest wird, 1 El Butter in Flocken darauf verteilen und den Schmarrn wenden. Wenn der Kaiserschmarrn eine schöne goldbraune Farbe bekommen hat, mit zwei Gabeln in mundgerechte Stücke zerreißen. Mit Puderzucker bestäuben und die übrige Butter in Flocken darübergeben. Kurz im Ofen karamellisieren lassen. Den Kaiserschmarrn aus dem Ofen nehmen, mit etwas Puderzucker bestäuben und mit dem Marillenröster servieren.

FÜR 4 PORTIONEN

300 g Rhabarber
1 Vanilleschote
6 El Zucker
150 g Himbeeren
800 ml Milch
200 g Rundkornreis
1 Prise Salz
½ Tl abgeriebene Schale von 1 unbehandelten Zitrone
100 g Sahne

ZUBEREITUNGSZEIT

ca. 30 Minuten (plus Garzeit und Zeit zum Abkühlen)

CREMIGER MILCHREIS
mit Himbeer-Rhabarber-Kompott

1 Den Rhabarber putzen und in etwa 1 cm breite Stücke schneiden. Die Vanilleschote der Länge nach aufschneiden und mit der Messerspitze das Vanillemark herauskratzen. Den Rhabarber mit der Hälfte des Vanillemarks, der ausgekratzten Vanilleschote, 3 El Zucker und 3 El Wasser in einen Topf geben. Aufkochen und bei geringer Hitze 10 Minuten köcheln lassen. Vom Herd nehmen, die Himbeeren vorsichtig untermengen und das Kompott auskühlen lassen.

2 In der Zwischenzeit die Milch mit dem restlichen Vanillemark in einen Topf geben. Den Reis zugeben und einmal kräftig umrühren, damit die Reiskörner aufgelockert werden. Unter ständigem Rühren aufkochen und etwa 25 Minuten bei geringer Hitze köcheln lassen. Dabei regelmäßig umrühren. Vom Herd nehmen und den übrigen Zucker, das Salz sowie die Zitronenschale einrühren. Sollte der Milchreis zu dick sein, einfach noch etwas kalte Milch zugeben.

3 Den Milchreis abkühlen lassen, dabei gelegentlich umrühren. Die Sahne steif schlagen und unter den abgekühlten Milchreis heben. Den Milchreis mit dem Kompott servieren.

FÜR 4 PORTIONEN

40 g Speisestärke
500 ml Milch
4 El Zucker
½ Päckchen Vanillezucker
1 Eigelb
100 g Zartbitter- oder Vollmilchschokolade

ZUBEREITUNGSZEIT

ca. 30 Minuten (plus Kühlzeit)

Einfach gut

SCHOKOPUDDING

1 Die Speisestärke mit 6 El Milch, Zucker und Vanillezucker mit dem Schneebesen in einer Schüssel klümpchenfrei verrühren. Eigelb in einer weiteren Schüssel verquirlen. Die Schokolade grob zerkleinern, mit der restlichen Milch in einen Topf geben und einmal aufkochen lassen. Die Stärkemischung unterrühren und 2–3 Minuten kochen lassen, bis die Masse dicklich wird. Anschließend den Topf vom Herd nehmen und das Eigelb unterrühren.

2 Den Pudding in kalt ausgespülte Puddingförmchen gießen und im Kühlschrank erkalten lassen. Zum Servieren auf Dessertteller stürzen.

Lecker dazu

Ein Fruchtspiegel aus pürierten Beeren, Sahne oder Vanillesauce.

Liebe Grüße aus dem Osten

SÄCHSISCHE QUARKKEULCHEN

Eine Süßspeise mit Kartoffeln? Klingt vielleicht erstmal etwas komisch, ist aber so was von lecker! Den heiß geliebten Klassiker aus dem Osten Deutschlands müssen Sie unbedingt probieren – egal ob als Nachtisch, zum Kaffee oder als süßes Hauptgericht.

FÜR 4 PORTIONEN

350 g Quark
500 g mehligkochende Kartoffeln
Salz
2 Eier
2 El Zucker
40 g Rosinen
ca. 50 g Mehl
60 g Butterschmalz
Zucker, Zimt oder Puderzucker nach Belieben

ZUBEREITUNGSZEIT

ca. 30 Minuten (plus Garzeit)

1 Den Quark in einem Sieb gut abtropfen lassen. Die Kartoffeln waschen, schälen und in ganz leicht gesalzenem Wasser ca. 20 Minuten gar kochen. Vollständig abkühlen lassen, dann durch eine Kartoffelpresse in eine Rührschüssel drücken oder fein reiben.

2 Quark, Eier, Zucker, Rosinen und 1 Prise Salz dazugeben und alles gut verrühren. Nun so viel Mehl unterrühren, dass ein zäher, nicht zu feuchter Teig entsteht. Den Teig zu Kugeln formen und diese zu ca. 1,5 cm hohen Fladen flach drücken.

3 Das Butterschmalz in einer Pfanne erhitzen und die Keulchen darin bei mittlerer Hitze pro Seite ca. 5 Minuten goldgelb backen. Nach Belieben mit Zucker und Zimt oder mit Puderzucker bestreuen. Dazu schmeckt Apfelmus.

Herrlich fruchtig

STACHELBEER-KIRSCH-GRÜTZE

FÜR 4 PORTIONEN

200 g Stachelbeeren
300 g Kirschen
250 ml Apfelsaft
80 g Zucker
2 El Speisestärke
5 Zitronenmelisseblätter
100 g Sahne
1 Päckchen Vanillezucker
100 g Schmand

ZUBEREITUNGSZEIT

ca. 20 Minuten
(plus Zeit zum Abkühlen)

1 Die Stachelbeeren halbieren. Die Kirschen halbieren und entsteinen. Den Apfelsaft mit dem Zucker in einen Topf geben und aufkochen. Die Stachelbeeren und die Kirschen zugeben und bei mittlerer Hitze 3 Minuten köcheln lassen. Die Speisestärke mit 3 El Wasser glatt rühren und in die Grütze einrühren. Unter ständigem Rühren aufkochen, dann vom Herd nehmen. Die Blätter der Zitronenmelisse in feine Streifen schneiden und untermengen. Die Grütze in eine Schale füllen und abkühlen lassen.

2 In der Zwischenzeit die Sahne steif schlagen, dabei den Vanillezucker langsam einrieseln lassen. Den Schmand in einer Schüssel glatt rühren und die geschlagene Sahne vorsichtig unterheben. Die Grütze mit der Schmand-Sahne servieren.

Auch lecker

Die Grütze schmeckt auch mit Himbeeren oder Brombeeren beerenstark!

VANILLEKRAPFEN

mit Zimt und Zucker

FÜR 4 PORTIONEN

250 g Weizenmehl (Type 550)
½ Päckchen Trockenhefe
100 ml fettarme Milch
Mark von 1 Vanilleschote
60 g Zucker
1 Ei
abgeriebene Schale von ½ unbehandelten Zitrone
1 Prise Salz
2 l hoch erhitzbares Öl
3 El Zimt-Zucker-Mischung

ZUBEREITUNGSZEIT

ca. 40 Minuten (plus Zeit zum Gehen)

1 Das Mehl und die Trockenhefe in eine Schüssel geben und gut miteinander vermischen. Die Milch mit dem Vanillemark in einen Topf geben und lauwarm erwärmen. Den Zucker zugeben und unter Rühren auflösen. Die lauwarme Milch mit dem Ei, der Zitronenschale und 1 Prise Salz zu dem Mehl in die Schüssel geben und alles zu einem glatten Teig verkneten. Die Schüssel mit einem Küchentuch abdecken und den Teig an einem warmen Ort etwa 2 Stunden gehen lassen.

2 Den aufgegangenen Teig nochmals durchkneten und daraus ca. zehn gleich große Kugeln formen. Die Kugeln auf ein Blech legen und nochmals zugedeckt 20 Minuten gehen lassen. Das Öl in einer Fritteuse oder einem hohen Topf auf 160 °C erhitzen. Die Krapfen vorsichtig etwas flach drücken und im Öl rundherum goldbraun ausbacken. Die Krapfen auf Küchenpapier abtropfen lassen, dann rundherum in der Zimt-Zucker-Mischung wälzen.

ARME RITTER

mit nussiger Karamellsauce

FÜR 4 PORTIONEN

60 g Walnusskerne
2 El Zucker
200 g Sahne
Mark von 1 Vanilleschote
2 Eier
100 ml Milch
4 altbackene Milchbrötchen (à 50 g)
2 El Butter
Puderzucker zum Bestäuben

ZUBEREITUNGSZEIT

ca. 40 Minuten

1 Die Walnüsse grob hacken und in einer Pfanne ohne Fett etwas anrösten. Aus der Pfanne nehmen, den Zucker in die Pfanne streuen und bei geringer Hitze langsam karamellisieren. Mit 2 El Wasser ablöschen. Köcheln lassen, bis sich das Karamell gelöst hat und von honigartiger Konsistenz ist. 100 g Sahne und die Nüsse zugeben und nochmals 5 Minuten köcheln lassen.

2 Vanillemark, Eier, Milch und die restliche Sahne in eine Schüssel geben und gut miteinander verrühren. Die Brötchen jeweils in 3 Scheiben schneiden und in der Eiermasse wenden. Die Butter in einer großen Pfanne erhitzen und die Armen Ritter darin goldbraun ausbacken. Aus der Pfanne nehmen und auf Küchenpapier etwas abtropfen lassen. Die Armen Ritter mit Puderzucker bestäuben und mit der Walnuss-Karamell-Sauce servieren.

GRIESSBREI
mit Aprikosen-Kirsch-Kompott

FÜR 4 PORTIONEN

Für das Kompott
6 Aprikosen
150 g Kirschen
1 El Honig
1 El Zitronensaft

Für den Grießbrei
500 ml Milch
200 g Sahne
abgeriebene Schale von ½ unbehandelten Zitrone
50 g Zucker
40 g Weichweizengrieß

Außerdem
30 g gehackte Pistazien

ZUBEREITUNGSZEIT
ca. 40 Minuten

1 Für das Kompott die Aprikosen und die Kirschen halbieren und die Steine entfernen. Die Aprikosenhälften in kleine Würfel schneiden und mit dem Honig, dem Zitronensaft und 100 ml Wasser in einen Topf geben. Alles aufkochen und bei mittlerer Hitze etwa 10 Minuten köcheln lassen, bis die Aprikosen weich sind. Mit dem Stabmixer fein pürieren. Die Kirschen untermengen. Alles nochmals aufkochen, dann vom Herd nehmen.

2 Für den Grießbrei Milch, Sahne, Zitronenschale und Zucker in einen Topf geben und aufkochen. Langsam den Weizengrieß einrühren und unter ständigem Rühren 5 Minuten bei mittlerer Hitze köcheln lassen. Etwas abkühlen lassen. Den Grießbrei mit dem Aprikosen-Kirsch-Kompott servieren. Mit Pistazien bestreuen.

HABOSO
SOLINGEN

Seelenfutter

ZWETSCHGEN-BUCHTELN

FÜR 4 PORTIONEN

300 g reife Zwetschgen
Mark von 1 Vanilleschote
Saft und abgeriebene Schale von 1 unbehandelten Orange
300 g Zucker
3 cl Rum
2 Würfel frische Hefe
½ l lauwarme Milch
800 g Weizenmehl (Type 550)
Salz
160 g Butter
2 Eier
2 Eigelb
1 Tl Zimt
100 g dunkle Kuvertüre
100 g Sahne
Butter für die Form

ZUBEREITUNGSZEIT

ca. 1 Stunde
(plus Zeit zum Gehen)

1 Den Backofen auf 150 °C vorheizen. Die Zwetschgen halbieren und entkernen. Mit Vanillemark, Orangensaft und -schale, 140 g Zucker und Rum in einen ofenfesten Topf geben. Die Zwetschgen im Ofen so lange schmoren, bis die Flüssigkeit verdampft ist. Aus dem Ofen nehmen und mit dem Pürierstab sehr fein pürieren. Kühl stellen.

2 Inzwischen die Hefe in 3 El Milch auflösen. Die Hefemilch zusammen mit Mehl, 130 g Zucker, 5 g Salz, 100 g Butter, Eiern und Eigelb zu einem glatten Teig verkneten, bis dieser Blasen wirft. So viel von der restlichen Milch unterkneten, dass der Teig sich von der Schüssel löst. Den Teig mit einem Küchentuch abdecken und an einem warmen Ort 60–90 Minuten auf das Doppelte seines Volumens gehen lassen. Den Teig dann noch mal kurz mit den Händen durchkneten, bis er wieder zusammenfällt. Nochmals abdecken und auf das doppelte Volumen aufgehen lassen.

3 Den Hefeteig fingerdick ausrollen und in 6 x 6 cm große Stücke zerteilen. Jedes Stück mit ca. 1 Tl Zwetschgenmus füllen, die Ränder hochziehen und zusammendrücken. Eine ofenfeste Form mit etwas Butter ausfetten und die Buchteln mit der zusammengedrückten Stelle nach unten hineinsetzen. Den restlichen Zucker mit dem Zimt vermischen. Die restliche Butter zerlassen. Die Buchteln mit der Butter bestreichen und mit dem Zimtzucker bestreuen. Mit einem Küchentuch bedecken und etwa 20 Minuten gehen lassen.

4 Den Backofen auf 170 °C vorheizen. Die Buchteln etwa 45 Minuten backen. Inzwischen die Kuvertüre fein hacken. Die Sahne in einen Topf geben, bei mittlerer Hitze erhitzen und die Kuvertüre darin schmelzen. Die warmen Buchteln mit der Schokosauce servieren.

Mit Schuss

Wer mag, ersetzt einen Teil des Apfelsaftes durch Calvados.

Ohne Alkohol

HEISSER APFELPUNSCH

FÜR 4 PORTIONEN

100 g Sahne
1 l klarer Apfelsaft
3 Gewürznelken
abgeriebene Schale von ½ unbehandelten Orange
1 Zimtstange
1 roter Apfel
1 El Honig
Zimtpulver zum Bestäuben

ZUBEREITUNGSZEIT

ca. 20 Minuten

1 Die Sahne steif schlagen und kalt stellen. Den Apfelsaft in einen Topf geben, die Gewürznelken, die Orangenschale und die Zimtstange zugeben und aufkochen lassen. Durch ein Sieb passieren und wieder in den Topf geben.

2 Den Apfel vierteln, entkernen und in kleine Würfel schneiden. Die Apfelwürfel in den Punsch geben und 5 Minuten darin ziehen lassen. Den Honig einrühren. Den Apfelpunsch mit der Schlagsahne servieren. Mit etwas Zimt bestäuben.

HIMBEERBOWLE
mit Wodka

FÜR 4 PORTIONEN

500 g Himbeeren
1 unbehandelte Limette
3 El feiner brauner Zucker
80 ml Wodka
4 Minzblätter
2 El Holunderblütensirup
300 ml gut gekühlter Weißwein
400 ml gut gekühlter Sekt

ZUBEREITUNGSZEIT

ca. 15 Minuten
(plus Zeit zum Ziehen)

1 Die Himbeeren in eine Bowleschüssel oder ein anderes hohes Glasgefäß geben. Die Schale der Limette dünn mit einem Sparschäler in breiten Streifen abschälen. Den Saft der Limette auspressen. Limettenschale, -saft und den Zucker zu den Himbeeren geben. Mit dem Wodka begießen, die Minzblätter zugeben und alles miteinander vermischen. Abgedeckt im Kühlschrank etwa 2 Stunden ziehen lassen.

2 Den Holunderblütensirup unterrühren und den Weißwein und den Sekt aufgießen. Eiskalt genießen.

Herrlich erfrischend

APFEL-HOLUNDER-SAFT

FÜR 4 PORTIONEN

2 kg Holunderbeeren (ohne Stiele)
4 säuerliche Äpfel
300 g Zucker je 1 l Saft
Saft von 1 Zitrone

ZUBEREITUNGSZEIT

ca. 50 Minuten (plus Zeit zum Abtropfen)

1 Die Holunderbeeren in ein Sieb geben und unter fließendem Wasser gründlich waschen. Die Äpfel vierteln, die Kerngehäuse entfernen und die Apfelviertel in dünne Scheiben schneiden. Die Beeren mit den Apfelscheiben und 800 ml Wasser in einen Topf geben und aufkochen. Etwa 15 Minuten bei mittlerer Hitze köcheln lassen, bis alle Beeren aufgeplatzt und weich sind. Die Beeren mit einem Holzlöffel am Topfrand zerdrücken.

2 Ein großes Sieb mit einem feuchten Küchentuch auslegen und auf eine große Schüssel setzen. Die Beeren-Apfel-Mischung auf das Tuch gießen und etwa 4 Stunden abtropfen lassen. Das Tuch nochmals kräftig ausdrücken und den Saft mit einem Messbecher abmessen. Den Saft zurück in den Topf geben. Je 1 l Saft 300 g Zucker zugeben. Mit Zitronensaft abschmecken und aufkochen. Abkühlen lassen und genießen.

Spritzig
Der Sirup schmeckt wunderbar in Sekt oder Prosecco und in der Himbeerbowle von S. 151.

Früher Sommergruß
HOLUNDERBLÜTENSIRUP

FÜR CA. 3 LITER
1 unbehandelte Zitrone
1 ½ kg Zucker
30 g Zitronensäure
30 Holunderblütendolden

ZUBEREITUNGSZEIT
ca. 30 Minuten
(plus Zeit zum Ziehen)

1 Die Zitrone in dünne Scheiben schneiden. Den Zucker mit der Zitronensäure und 1 ½ l Wasser in einen Topf geben und aufkochen. Die Hitze reduzieren und 5 Minuten köcheln lassen.

2 Das Waschbecken mit Wasser füllen und die Holunderblütendolden darin vorsichtig waschen. In ein Sieb geben und abtropfen lassen. Die dicken Stiele der Dolden mit einer Schere abschneiden. Die Holunderblüten mit den Zitronenscheiben in ein sauberes Gefäß geben. Den Sirup darübergießen. Das Gefäß abdecken und an einem kalten Ort 3–4 Tage ziehen lassen.

3 Den Sirup durch ein sehr feines Haarsieb filtern, in einen Topf geben und aufkochen lassen. Zum Aufbewahren in saubere Flaschen füllen, fest verschließen und kühl und dunkel lagern.

SAISONKALENDER

	FRÜHLING			SOMMER			HERBST			WINTER		
	MÄRZ	APRIL	MAI	JUNI	JULI	AUG.	SEP.	OKT.	NOV.	DEZ.	JAN.	FEB.
OBST												
Apfel	●						●	●	●	●	●	●
Aprikose (Marille)				●	●	●						
Birne						●	●	●	●	●	●	
Blaubeere					●	●						
Brombeere					●	●	●					
Erdbeere			●	●	●	●						
Himbeere				●	●	●	●					
Holunderbeere					●							
Holunderblüte			●	●								
Johannisbeere				●	●	●						
Kirsche				●	●	●						
Mirabelle					●	●						
Pfirsich					●	●	●					
Pflaume (Zwetschge)					●	●	●					
Preiselbeere					●	●	●					
Rhabarber		●	●	●								
Stachelbeere				●	●	●						

KRÄUTER UND NÜSSE	MÄRZ	APRIL	MAI	JUNI	JULI	AUG.	SEP.	OKT.	NOV.	DEZ.	JAN.	FEB.
Basilikum				●	●	●	●					
Borretsch				●	●	●						
Brunnenkresse		●	●	●	●	●	●	●				
Haselnuss							●	●	●	●		
Kerbel		●	●	●	●	●	●	●				
Kresse		●	●	●	●	●	●	●				
Majoran				●	●	●	●	●				
Minze		●	●	●	●	●	●	●				
Petersilie		●	●	●	●	●	●	●				
Pimpinelle		●	●	●	●	●	●	●				
Rosmarin	●	●	●	●	●	●	●	●	●	●	●	●
Sauerampfer		●	●									
Schnittlauch		●	●	●	●	●	●	●				
Thymian	●	●	●	●	●	●	●	●	●	●	●	●
Waldmeister		●	●	●								
Walnusskern	●	●						●	●	●	●	●

GEMÜSE	FRÜHLING			SOMMER			HERBST			WINTER		
	MÄRZ	APRIL	MAI	JUNI	JULI	AUG.	SEP.	OKT.	NOV.	DEZ.	JAN.	FEB.
Blumenkohl	●	●	●	●	●	●	●	●	●	●	●	●
Bohne, getrocknet	●	●	●	●	●	●	●	●	●	●	●	●
Buschbohne			●	●	●	●	●	●				
Stangenbohne					●	●	●	●				
Brokkoli				●	●	●	●	●	●			
Champignon	●	●	●	●	●	●	●	●	●	●	●	●
Erbse				●	●	●	●					
Fenchel				●	●	●	●	●				
Feldsalat	●							●	●	●	●	●
Frühlingszwiebel		●	●	●	●	●	●	●	●			
Gemüsezwiebel				●	●	●	●	●				
Grünkohl									●	●	●	
Hokkaido						●	●	●	●			
Kartoffeln			●	●	●	●	●	●				
Kirschtomate				●	●	●	●	●				
Knollensellerie							●	●	●			
Kohlrabi			●	●	●	●	●	●				
Kürbis						●	●	●				
Lauch				●	●	●	●	●	●	●	●	●
Möhre		●	●	●	●	●	●	●	●	●		
Pastinake							●	●	●	●		
Petersilienwurzel	●	●						●	●	●	●	●
Pfifferling				●	●	●	●	●	●			
Pflücksalat			●	●	●	●	●					
Radieschen		●	●	●	●	●	●	●	●			
Rosenkohl								●	●	●	●	
Rotkohl				●	●	●	●	●	●	●	●	●
Schalotte				●	●	●	●	●				
Schwarzwurzel	●	●						●	●	●	●	●
Sellerie				●	●	●	●	●	●			
Spargel		●	●	●								
Spinat	●	●	●	●	●	●	●	●	●			
Spitzkohl	●	●	●	●	●	●						
Staudensellerie						●	●	●				
Steinpilz			●	●	●	●						
Tomate				●	●	●	●	●				
Wirsing			●	●	●	●	●	●	●	●		
Zucchini				●	●	●	●	●				
Zwiebel				●	●	●	●	●				

REZEPTVERZEICHNIS

HINWEISE ZUM BUCH

BACKOFENTEMPERATUREN

Die Backofentemperaturen in diesem Buch beziehen sich auf einen Elektroherd mit Ober- und Unterhitze. Falls Sie mit Umluft arbeiten, reduziert sich die Temperatur um 20 °C. Falls nicht anders angegeben, werden die Gerichte auf der mittleren Schiene gegart.

ABKÜRZUNGEN

cl = Zentiliter
cm = Zentimeter
El = Esslöffel
g = Gramm
kg = Kilogramm
l = Liter
ml = Milliliter
Msp. = Messerspitze
TK = Tiefkühlprodukt
Tl = Teelöffel

BILD- UND TEXTNACHWEIS

Rezeptfotos

Kay Johannsen, außer S. 17: Studio Klaus Arras, S. 16, 30, 34, 35, 50, 51, 61, 90 und 91: TLC Fotostudio, S. 60: © Doris Heinrichs – stock.adobe.com

Schmuckfotos

Kay Johannsen, außer S. 4: stock.adobe.com: © Kartouchken (o. li.), © Gunar (o. re.), © wishfaery14 (u. li.), © darknightsky (u. re.); S. 10: © Irina Schmidt – stock.adobe.com; S. 12: stock.adobe.com: © Rawpixel.com (o. li.), © fottoo (o. re.), © Quade (u. li.), © daarnautova (u. re.); S. 36: stock.adobe.com: © LIGHTFIELD STUDIOS (o. li.), © Mathias Podstawka (o. re.), © Friedberg (u. li.), © Novak (u. re.); S. 62: stock.adobe.com: © Alexander (o. li.), © Thierry RYO (o. re.), © Christin (u. li.), © Alik Mulikov (u. re.); S. 72/73: © jemey – stock.adobe.com; S. 98/99: © Marco2811 – stock.adobe.com; S. 108: stock.adobe.com: © yanadjan (o. li.), © contrastwerkstatt (o. re.), © waechter-media.de (u. li.), © LIGHTFIELD STUDIOS (u. re.); S. 132: stock.adobe.com: © Irina Schmidt (o. li.), © Bauer Alex (o. re.), © Olya Komarova (u. li.), © Africa Studio (u. re.)

Illustrationen

Stempelmotive: Thorsten Trantow (www.trantow-atelier.de); Blumen Randstreifen und Aufmacher: © alekseyvanin – stock.adobe.com

Rezepte

Guido Gravelius, außer S. 16, 17, 19, 24, 26, 30, 34, 35, 39, 48, 50, 51, 57, 60, 61, 64, 67, 68, 69, 70, 75, 76, 78, 81, 82, 84, 87, 88, 90, 91, 93, 94, 96, 101, 102, 104, 105, 106, 117, 139 und 141: Verlagsarchiv